Résister aux illusions

Du même auteur

Lâcher prise, comment se reconnecter à soi-même,
Robert Laffont, 2017.

Benoît Aymonier

Résister aux illusions

PLON
www.plon.fr

« RENAISSANCE »

une collection des éditions PLON

dirigée par Valérie Rossellini

92, avenue de France
75013 Paris
Tél. : 01 44 16 09 00
Fax : 01 44 16 09 01
www.plon.fr
www.lisez.com

Mise en pages : Graphic Hainaut
Dépôt légal : mai 2022
ISBN : 978-2-259-31079-6

Introduction

Pourquoi lisez-vous ce livre ?

Pour quelles raisons avez-vous les yeux posés sur ces mots ?

Un ou une amie vous en a parlé ? Vous avez vu une publication sur les réseaux sociaux ? Entendu ou vu une interview ? Assisté à une conférence ? Vous avez été interpellé par le titre ? Accroché par le sous-titre ?

D'autres ont vu et entendu la même chose que vous et ne lisent pas ces lignes. Alors, pour quelles raisons, vous, les lisez-vous ? Qu'est-ce qui vous singularise et vous fait faire ce que vous faites là, maintenant ?

D'une façon générale, pourquoi faisons-nous ce que nous faisons ? Réellement ?

C'est une des questions à laquelle nous allons, dans ce livre, tenter d'apporter des éléments de réponse. Je vais pour ma part, en guise d'introduction, essayer de vous donner les raisons pour lesquelles je l'ai écrit, de vous raconter ce qui a fait que ce livre existe.

Pourquoi ai-je écrit ce livre ?

Pour répondre à cette question, je dois vous raconter un peu de mon histoire.

Mon expérience de lâcher-prise

En 2012, j'ai vécu une expérience extraordinaire qui a bouleversé le cours de ma vie. J'ai vécu une expérience que je qualifie de lâcher-prise total. J'ai lâché prise sur toutes mes croyances, sur la façon dont je me représentais le monde et ses phénomènes, sur le sens que je donnais aux choses et à moi-même. J'ai lâché prise sur la conception que j'avais du monde – son existence, son origine, son histoire, son fonctionnement… – et sur la conception que j'avais de moi-même – mon identité, mon rôle, ma raison d'être, ma mission, ma place dans le monde… J'ai lâché prise sur toutes les réponses que j'avais construites, qu'on m'avait inculquées, ou dont j'avais hérité.

Que m'est-il arrivé concrètement ? Dans les semaines qui ont précédé ce jour de décembre 2012, j'ai vécu une succession de coïncidences, de synchronicités spectaculaires qui ont, les unes derrière les autres, ébranlé l'architecture rationnelle de ma pensée, déstabilisé le château de cartes de mes certitudes jusqu'à le faire s'écrouler totalement, jusqu'à accueillir et reconnaître le fait que je ne savais rien.

C'est à ce moment-là qu'il s'est passé quelque chose d'extraordinaire. C'est au moment où je lâche prise sur mes certitudes, où je reconnais pleinement mon ignorance, que j'ai l'étrange sensation de tout savoir. Au moment où je réalise que mes connaissances sont dérisoires et fragiles, j'ai l'impression d'accéder à une connaissance universelle qui donne des réponses avant même que des questions soient formulées.

Au moment où je lâche prise sur l'idée que je me faisais de l'amour et de la conscience, je ressens une fabuleuse sensation d'amour universel, j'ai l'incroyable impression que j'ai, et même que je suis, une conscience universelle.

En lâchant prise sur tout, et donc en quelque sorte en plongeant dans le néant et en devenant rien, j'ai paradoxalement la sensation de devenir le TOUT.

Tout cela dans la certitude d'être en absolue sécurité, avec une sensation de sérénité totale, contactant une forme de paix universelle.

Je réalise alors qu'il y a dans le fait d'exister, de vivre, d'être vivant, quelque chose d'essentiel, dans le sens philosophique du terme, c'est-à-dire qui relève de l'essence des choses, de leur nature profonde. L'expérience que j'ai faite m'a permis d'être en contact à la fois avec le caractère universel de l'essence du monde et de la vie d'une part, et ce que je suis en tant qu'être humain avec son caractère singulier d'autre part.

Je suis, vous êtes, nous sommes des singularités universelles. Chacun d'entre nous est une manifestation singulière de l'univers tout en étant l'univers lui-même. En fait, il n'y a fondamentalement pas de séparation, tout est lié, et nous faisons tous partie d'un TOUT.

Cette expérience a bouleversé les représentations que je me faisais du monde et de moi-même, et, par conséquent, ma façon d'appréhender et d'interagir avec mon environnement, les autres et aussi moi-même. Cela a eu un impact important sur ma pratique professionnelle de coach, avec des résultats spectaculaires. Quelques années plus tard, j'ai eu besoin de partager ce que je considère avoir reçu comme cadeau, chose que j'ai faite en écrivant mon premier livre, *Lâcher prise, comment se reconnecter à soi-même*[1].

Dans cette première publication, j'invite et j'accompagne le lecteur à prendre la mesure de ce qu'il vit pour se reconnecter à l'essence de ce qu'il est. La question

1. Benoît Aymonier, *Lâcher prise, comment se reconnecter à soi-même*, © Éditions Robert Laffont, S.A., Paris, 2017.

«Qui suis-je?» est bien sûr au cœur de l'ouvrage qui donne des clés pour y répondre sur la base d'éléments de réalité vécus. Se baser sur le réel est essentiel dans cette démarche.

Il a été fait plusieurs fois mention, dans le premier livre, de lâcher prise sur les illusions de soi-même afin de se reconnecter à l'essence de son être. Dans ce deuxième livre, le focus sera mis sur les mécanismes qui nous font nous illusionner sur les choses, le monde et nous-même.

Enfermé pendant vingt-trois ans

Mon expérience de lâcher-prise total est d'autant plus spectaculaire que j'ai vécu pendant de nombreuses années dans une entière illusion, complètement englué dans un paradigme, une croyance tellement forte que j'étais aveugle et sourd à tout ce qui pouvait la remettre en question.

J'ai passé plus de vingt ans à prendre des vessies pour des lanternes et à conditionner toute ma vie autour de cela : mes choix de lecture, d'activités sociales, d'orientation professionnelle, des personnes que je fréquentais. J'ai passé vingt-trois ans dans une secte qui a fortement impacté ma famille, à commencer par mon père qui a participé à son émergence en finançant la publication de la première édition de son livre fondateur : *Le livre qui dit la vérité*. Quel titre accrocheur pour le chercheur de vérité et quelle ironie quand finalement le voile de l'illusion se lève et met au jour un tissu de mensonges. Il me l'a offert pour mon dix-huitième anniversaire, tout comme il l'avait fait pour mes deux frères aînés quelques années auparavant. À 18 ans, j'en lus le premier paragraphe de la première page, puis je le refermai, à cause du manque d'intérêt qu'il me procurait, mais aussi pour le peu de crédit que j'accordais à mon père schizophrène.

Un père schizophrène

Mon père a fait sa première crise à l'âge de 27 ans quand il fut exclu du petit séminaire de Rome où il avait passé quatre ans à étudier la théologie. Il se destinait à la prêtrise, ayant choisi de dédier sa vie à son idéal parmi ses idéaux, Jésus-Christ. Né en 1930, il a connu les stigmates de la Première Guerre mondiale à travers ses grands-parents, parents, oncles, tantes et a vécu la Seconde en pleine adolescence. Il a fait de la paix une priorité de son existence et pris Jésus-Christ comme modèle. S'il avait grandi en Thaïlande, il aurait probablement choisi Bouddha, en Inde Vishnou, et Irène s'il avait vécu dans la Grèce antique. Élevé dans une famille catholique française, Jésus est devenu l'exemple qu'il a essayé tant bien que mal de suivre toute sa vie. Alors, quand il apprend qu'il ne pourra pas faire coïncider son rêve avec la réalité, tout s'effondre, il pète les plombs et se retrouve à l'hôpital psychiatrique.

Il a fait d'autres crises majeures plus tard, dont une deux mois après son mariage avec ma mère et une autre en 1974. Avec le recul et ayant connaissance de la façon dont les tractations se sont déroulées, je soupçonne que le fondateur de la secte a profité de son état de faiblesse pour lui soutirer l'argent qui lui a permis d'imprimer à compte d'auteur son premier livre.

Croire à l'incroyable

À 18 ans donc, il m'offre ce fameux livre que je ne lis qu'à 23, quand j'apprends qu'un de mes frères commence à prendre des responsabilités importantes au sein de l'organisation. Je reprends alors la lecture avec l'intention de trouver des failles afin de ramener mes frères à la raison, de les sortir de là, de les sauver de la secte. Non seulement je ne détecte pas de failles, mais, en plus, je suis séduit par les liens faits entre science, religion et spiritualité. Avec le recul, je ne détecte pas de failles non parce qu'il n'y en a pas, mais parce que, assez rapidement, je me mets à avoir envie d'y croire.

Par la suite, mon raisonnement fut le suivant : si je ne trouve pas de faille, alors ce n'est peut-être pas faux. Si ce n'est pas faux, alors c'est peut-être vrai. Et si c'est vrai, alors c'est absolument extraordinaire et je veux contribuer, faire partie de cette aventure qui consiste à pas moins que… sauver le monde. Mon état d'esprit bascule alors de chercheur de faille à celui de trouveur de validation. Le biais de confirmation s'active alors à plein régime et, fort de ma formation scientifique d'ingénieur et de mon esprit logique et rationnel, me voilà persuadé de détenir LA vérité sur le monde, son origine, sa raison d'être.

Berné par l'illusion de pseudosciences, mais surtout par l'envie de croire en des choses qui me rassuraient sur l'état de santé mentale de mon père d'une part, et qui me permettaient de renouer des liens avec mes frères d'autre part, je me suis forgé de fortes convictions à partir d'erreurs grossières, d'impostures et de mensonges. On ne voit pas le monde tel qu'il est, on le voit tel que nous sommes. Et j'ai clairement, à ce moment, vu le monde, et ce livre en particulier, non pas tel qu'ils étaient, mais, pour des raisons émotionnelles et affectives, comme cela m'arrangeait de les voir.

Et ça a marché ! J'ai retrouvé mes frères et je me suis rapproché de mon père. En plus de cela, j'ai par la suite eu l'impression de trouver une « vraie » famille de « cœur », une communauté de croyants dans laquelle chacun se considère comme le frère ou la sœur des autres adeptes. Par ailleurs, cette façon de me raconter l'histoire de l'humanité me permettait de donner du sens à ma vie, me donnait l'impression de me développer et de m'épanouir, d'avoir une place et d'y être, de m'investir dans quelque chose qui en vaut la peine, de me sentir utile, d'être reconnu et valorisé. Dans cette bulle fictive, tout va bien, aucune raison de vouloir en sortir.

L'illusion de liberté

D'autant plus que j'avais également la forte impression de me sentir libre, rêvant même parfois d'écrire un livre sur la liberté. Quel paradoxe ! Je me targuais d'être un libre penseur alors que j'étais en réalité totalement enfermé dans le monde fictif de mes représentations, aveugle et sourd à ce qui aurait pu semer le doute et ébranler le château de cartes de mes certitudes.

Le livre que j'écrirais aujourd'hui sur le thème de la liberté serait très différent de celui que j'aurais écrit à l'époque. La liberté serait-elle une illusion ? Le libre arbitre existe-t-il vraiment ? Il y a aujourd'hui débat sur cette question qui ne date pas d'hier – ni même d'avant-hier. Spinoza écrivait déjà au XVIIe siècle : « *Les hommes se croient libres pour cette seule cause qu'ils sont conscients de leurs actions et ignorants des causes par où ils sont déterminés.* » Autrement dit, nous nous croyons libres parce que nous sommes conscients de nos désirs et des actions qui en découlent, mais ignorants de ce qui est sous-jacent à nos désirs, ignorant de ce qui, en soi, nous fait désirer telle chose plutôt que telle autre.

A-t-on choisi de préférer les blond(e)s plutôt que les brun(e)s ? Les petit(e)s plutôt que les grand(e)s ?

Les maigres plutôt que les potelé(e)s? Les critères de beauté diffèrent selon les cultures et les époques. Que ce soit la corpulence, la couleur de la peau ou celle des cheveux, nos goûts, et donc nos désirs, sont conditionnés par notre environnement social et culturel.

En tout cas, si libres nous sommes, ce dont dans une certaine mesure je suis convaincu, nous le sommes dans le cadre de nos systèmes de croyances, de la façon dont nous nous représentons les choses, et enfermés quand nos croyances se transforment en paradigmes, qu'elles se radicalisent et se figent, devenant ainsi des prisons mentales. Il est d'autant plus difficile d'en sortir que nous réagençons notre réalité pour sauvegarder l'illusion à laquelle nous sommes si attachés, à laquelle nous sommes parfois totalement identifiés et donc sur laquelle nous faisons reposer notre existence. Perdre de telles illusions s'apparente alors à de l'annihilation de soi-même. La peur de ne pas pouvoir donner du sens à sa vie, de ne pas avoir une place dans le monde, d'être en quelque sorte inconsistant et de ne pas exister s'apparente à la peur de mourir. C'est terrifiant. C'est pourquoi nous faisons tout pour garder la sécurité que procure l'impression d'exister à travers la place que nous nous attribuons dans ce monde fictif, dans l'illusion parfois totalement hors-sol[1] que nous avons du monde et de nous-même.

1. Sans lien avec le réel.

L'illusion de connaissance est plus dangereuse que l'ignorance

L'illusion de connaissance est plus dangereuse que l'ignorance, car lorsqu'on sait qu'on est ignorant, on peut apprendre. Alors que quand on croit savoir, on prend de mauvaises décisions aux conséquences plus ou moins délétères – et dans l'ignorance de son erreur puisqu'on a l'impression de savoir.

Ces vingt-trois ans passés dans l'illusion de connaître la vérité ont eu comme effet de me plonger dans une grande paresse intellectuelle. L'illusion de savoir me faisait non seulement filtrer les informations que je lisais dans le but de consolider ce « savoir », mais en plus me plongeait dans une relative paresse à être curieux. De quoi serais-je curieux puisque j'ai déjà la connaissance ? J'étais curieux pour confirmer et renforcer ce que je savais déjà et que je prenais pour LA vérité, mais pas pour le reste. Finalement, je n'apprenais rien ou pas grand-chose de nouveau. Je développais des connaissances (parfois erronées) pour argumenter sur ce que je croyais savoir sans chercher à développer mon bagage par des choses que je ne connaissais pas. Je réalise aujourd'hui que j'étais non seulement copieusement inculte, mais, en plus, avec une certaine arrogance liée à l'impression de tout savoir.

Une faiblesse devenue une force

Je ne vais pas entrer plus avant dans les détails de cette parenthèse de ma vie au sein d'une secte. Je souligne cependant que, de la même façon que personne ne peut parler de la guerre mieux que celui qui l'a vécue sur le terrain, je suis particulièrement bien placé pour parler des manipulations émotionnelles et mentales qui nous font prendre des vessies pour des lanternes.

J'ai aujourd'hui fait de cet épisode une force, développant d'une part une sensibilité accrue sur le plan émotionnel, et d'autre part une acuité d'analyse sur le plan cognitif. Cela se traduit par une grande rigueur quant au choix des mots pour décrire les situations, les phénomènes, les émotions ou les sensations. J'attache beaucoup d'importance à la justesse des mots. Je veille particulièrement à ce qu'ils illustrent le plus fidèlement et précisément possible la réalité de ce qui est exprimé.

C'est très utile et pertinent dans la sphère professionnelle. Ce n'est pas toujours facile à vivre pour celle qui partage ma vie au quotidien.

Par exemple, il arrive fréquemment lors de discussions, voire de disputes, que ma compagne me reproche d'être trop « nickel » sur les mots, sur la description des choses, la précision de ce que l'on dit ou comprend. Au-delà du challenge que représente le fait de communiquer dans une langue qui n'est pas la sienne – ma compagne est née au Portugal – cette rigueur qu'elle perçoit comme de la rigidité l'insupporte parfois.

Je me suis donc posé la question. Suis-je dans l'excès ? Trop sensible ? Trop exigeant ? Trop réactif ? Je ne le vis pas du tout comme « trop », mais force est de constater que j'ai ce souci d'exactitude dans l'expression. Mon histoire de vie a indéniablement influencé cette sensibilité à la justesse des mots et des représentations, soucieux de la coïncidence entre représentations et réalité. La conscience et la souffrance d'avoir été abusé par des mensonges et par une imposture me rendent très vigilant à être transparent, authentique et au plus près du réel. Je ne veux pas faire subir aux autres des comportements dont j'ai moi-même souffert. La peur d'agir comme un imposteur a d'ailleurs rendu l'écriture de ce livre particulièrement difficile, m'imposant de procéder à une étude approfondie des sujets abordés. J'ai donc replongé dans les sciences, aussi bien celles dites dures que les sciences humaines et sociales. J'ai lu des dizaines de livres et écouté des centaines de podcasts et de conférences.

Cela dit, je ne me sens pas « trop » nickel dans mon interaction avec les autres et avec ma compagne en particulier. Je me sens aligné et positionné, c'est tout. Je ne m'attache pas à la justesse et à la précision de ce que je dis pour être ou paraître impeccable. Je suis sensible et attentif à ce que notre communication, ce que l'on dit et comment on le dit, corresponde le plus fidèlement possible à nos intentions et à ce dont nous parlons.

Ce qui me pousse à veiller à utiliser les mots justes, à être précis sur le sens que je leur donne et à vérifier que mon interlocuteur lui donne le même sens que moi. Car sinon, on ne communique pas vraiment, chacun parle dans son monde, mais on ne se comprend pas puisque chacun donne un sens différent aux mots qu'il utilise. Comme si on parlait deux langues différentes.

Ce qui donne des dialogues de sourds à l'image de cette histoire que m'a racontée monsieur Kruger, mon professeur de mathématique quand j'étais en classe de Première au lycée Chaptal à Paris, auquel je rends hommage car il a contribué à me faire aimer les mathématiques, ce qui a participé au développement de mon intelligence.

« De l'importance de parler le même langage sous peine d'avoir un dialogue de sourds. Dans le train, un homme demande à son voisin l'heure qu'il est. Ce dernier sort un thermomètre et lui répond : "Il est mardi." Le premier s'exclame alors : "Merci, c'est donc à la prochaine que je descends." »

De quoi parle-t-on? Il est important de le préciser car chacun s'exprime par rapport à son monde et comprend ce que l'autre lui dit toujours par rapport à son monde. On peut ainsi avoir l'impression d'être clair et d'accord avec un interlocuteur alors qu'il n'en est rien. Il nous est tous arrivé de penser s'être parfaitement compris et de se rendre compte *a posteriori* de spectaculaires malentendus, avec parfois des points de vue opposés à 180 degrés.

Il en est de même avec mon souci d'exactitude concernant les faits, sur la façon de relater ce qui se passe ou s'est passé, comment, où, quand. Il est important d'être précis, et surtout de faire coïncider au mieux la représentation et la description des faits par rapport à ce qui s'est réellement passé. Revenir au réel nous permet de nous rejoindre de façon fiable sur une vision à peu près semblable, car contrairement à nos réalités subjectives, la réalité objective, elle, ne change pas. Elle nous permet donc de trancher lorsque nos réalités subjectives d'un même événement ne coïncident pas.

De plus, on peut se rejoindre sur la façon de se raconter les choses les uns les autres et être pourtant dans l'erreur. On peut à tort partager les mêmes représentations, être d'accord, être en harmonie de perception, de compréhension, d'interprétation du monde. De cette convergence de vues va découler un certain confort relationnel. Pas de conflit, on se comprend, on est d'accord. Mais ce n'est pas parce qu'on est d'accord que l'on a raison, que les représentations subjectives que nous nous faisons du monde coïncident avec la réalité objective du monde.

J'ai passé plus de vingt ans à me complaire dans une représentation du monde complètement hors-sol, déconnectée du réel. Et j'ai intellectuellement et émotionnellement vécu très confortablement pendant toutes ces années. Aujourd'hui, ce n'est plus possible. Je ne veux ni ne peux plus me bercer d'illusions et j'ai besoin d'ancrer mes représentations dans le réel. J'ai besoin de faire coïncider la façon dont je me raconte le monde, la vie, ma vie, avec la réalité du monde, de la vie, de ma vie. Ainsi, je suis sensible (je ressens et je réagis) à tout ce qui touche à la façon dont moi-même et les autres dans leur relation avec moi nous représentons les choses.

Je ne peux plus me bercer d'illusions car j'ai personnellement souffert des conséquences de m'être illusionné. Je suis par ailleurs constamment confronté dans mon métier de coach aux dégâts générés par les chocs parfois très violents de la confrontation des illusions avec le réel.

De plus, ayant contacté la magnificence du réel à travers mon expérience de lâcher-prise total, je ne veux plus me bercer d'illusions. Je sais qu'une vie ancrée dans le réel est infiniment plus lumineuse et nourrissante qu'une vie confinée dans l'enceinte de nos illusions étriquée par nos protections.

J'ai aujourd'hui besoin de faire coïncider ma réalité avec la réalité.

La *réalité ou* ma *réalité ?*

Je fais la distinction entre *la* réalité et *ma* réalité parce que nous vivons, nous interagissons avec le monde, les autres, nous-même, selon les représentations que nous nous faisons du monde, des autres, de nous-même.

Le monde est tel qu'il est, et chacun se le représente du point de vue duquel il le regarde, d'une part, et selon ce qu'il est, la façon dont il s'est construit et il a été conditionné, d'autre part. La réalité du réel est telle qu'elle est, et chacun se construit sa propre réalité tel qu'il est. C'est la raison pour laquelle je distingue « la réalité » de « ma réalité ».

Au moment où j'écris ces quelques lignes, j'entends les oiseaux chanter. Quelle est leur réalité ? Quelles représentations se font-ils du monde ? Se font-ils même une représentation ? À l'évidence oui, puisqu'ils sont dotés de sens qui leur permettent de percevoir leur environnement. Et même de le percevoir avec plus de précisions que nous, les humains, puisqu'ils sont pour la plupart dotés de cinq différents types de cônes rétiniens alors que nous n'en disposons que de trois. Dans le fonctionnement de l'œil, chaque cône est sensible à certaines longueurs d'ondes lumineuses. En avoir cinq permet donc d'avoir une plus grande sensibilité aux variations de couleurs que si l'on n'en a que trois. Un peu comme un écran TV 16K ne donne pas la même qualité d'image qu'un écran Full HD, qui lui-même est plus précis qu'un écran HD ou cathodique.

Mais pourquoi est-il si important de faire la distinction entre *ma* et *la* réalité ?

Je vais prendre la question à l'envers pour y répondre. Que risque-t-on si on ne fait pas la distinction entre *ma* réalité et *la* réalité ? Eh bien, nous risquons, à terme, purement et simplement de disparaître en tant qu'espèce vivante, et avant de disparaître, d'endurer de terribles souffrances.

En effet, que se passe-t-il lorsque notre réalité ne coïncide plus avec la réalité ? Par exemple, si en marchant on ne voit pas un trou ? Ou que l'on se méprend sur ce qui apparaît comme solide au sol alors qu'en fait ça ne l'est pas et qu'en dessous il y a un trou ? Que se passe-t-il si on marche dedans ? Que se passe-t-il si on tombe dans le trou ?

C'est ce qui m'est réellement arrivé, un matin d'automne, au retour d'une longue marche dans un parc proche de chez moi. Je marche dans un quartier résidentiel, sur la route, au bord du trottoir. Je vois des feuilles amassées dans le caniveau. Je marche dedans et… mon pied droit descend beaucoup plus bas que prévu dans un trou, à tel point que je perds l'équilibre et tombe vers l'avant.

Que se passe-t-il lorsqu'on tombe dans un trou ?

Le moindre mal, c'est juste de se sentir un peu stupide d'être tombé. Le pire, c'est de mourir (oui, ça arrive de se tuer en faisant une mauvaise chute). Et entre le moindre et le pire, il y a toute une palette de conséquences allant de quelques égratignures à une jambe cassée.

Pour ma part, je m'en suis sorti avec quelques écorchures aux mains et deux belles blessures à la jambe droite dont je garde encore aujourd'hui des cicatrices.

L'ambition de ce livre

Le décalage entre *la* réalité et *ma* réalité n'est donc pas sans conséquences, et l'ambition de ce livre est d'expliquer de façon claire et accessible ce qui participe à la façon dont nous construisons notre réalité. Le lecteur y trouvera une aide précieuse pour identifier ses propres mécanismes, pour mieux se connaître et se comprendre, et ainsi reprendre autant que faire se peut la télécommande de son existence.

Pour illustrer cela, faisons une expérience de pensée !

Expérience de pensée

Faisons une expérience de pensée, c'est-à-dire, mettons-nous en situation par la pensée et observons quelles seraient nos réactions dans une telle situation.

Imaginons marcher tranquillement sur un chemin qui nous paraît parfaitement dégagé. Tout à coup, une voix intérieure nous dit : «Si tu marches tout droit sans t'arrêter et de plus en plus vite, tu vas découvrir un trésor d'une valeur inestimable. Ne dévie pas, ne t'arrête pas, ne renonce pas, n'écoute pas les négatifs ni les pessimistes, aie la foi, fonce. Seuls ceux qui n'abandonnent jamais réussissent dans la vie.»

Écoutant cette voix, et très motivé à l'idée de découvrir un trésor, nous nous mettons à marcher, tout droit, de plus en plus vite, exactement comme la voix nous l'a demandé. Chemin faisant, nous apercevons un mur à quelques dizaines de mètres droit devant. Que faire? Puisque la voix a dit de ne pas s'arrêter et de marcher de plus en plus vite, alors nous continuons, tout en accélérant. Le mur se rapproche, nous avons peur, mais la voix est très claire : «… aie la foi, fonce…» Jusqu'au moment où… nous percutons le mur.

Et là, que faisons-nous? Ci-dessous une liste non exhaustive de réactions possibles :

Nous pestons contre le mur qui nous empêche d'avancer et tentons de le détruire.

Nous pestons contre le mur qui n'a rien à faire là et nous blâmons ceux qui l'ont construit et qui, de toute évidence, complotent contre nous pour nous empêcher d'accéder au trésor promis par la voix.

Nous pestons contre nous-même qui, une fois de plus, démontrons notre incapacité à réussir, notre médiocrité, notre nullité, notre insignifiance.

Nous prenons quelques pas de recul et nous nous lançons vers le mur encore plus vite, pensant que l'échec est dû au manque de vitesse. La voix n'a-t-elle pas dit qu'il fallait aller de plus en plus vite ?

Nous cherchons un moyen de franchir le mur, soit par-dessus, soit par-dessous, car il ne faut pas dévier. Ne pas dévier, c'est la voix qui l'a dit !

Nous essayons de négocier avec le mur (comme si le mur pouvait négocier ! ... Si cette option vous parle, vous devez absolument lire ce livre jusqu'au bout !).

Etc.

Jusqu'au moment où, à force de percuter des murs, nous allons remettre en question non pas les circonstances, les autres, l'environnement, mais nous allons nous questionner sur ce qui nous a fait croire que le mur n'était pas réel, ou que nous avions des capacités de passe-muraille, ou encore que le mur allait s'évaporer à notre contact… bref, jusqu'au moment où nous allons nous rendre compte que nous nous sommes illusionnés sur la réalité des choses et que, en définitive, le réel s'est violemment manifesté à nous.

D'où nous vient cette propension à prendre des murs dans la figure, à nous lamenter, à nous victimiser ou à nous battre, contre la terre entière parfois, à cause de murs ?

De notre incapacité à voir, à accueillir et à accepter ce qui est tel que c'est ! Trop attachés à nos illusions, nous refusons, ignorons, rejetons, maquillons l'évidence : l'existence du mur, dressé devant nous, bien réel, obéissant aux lois de la physique, et totalement imperméable à celles des films de science-fiction interne que nous produisons. Le réel en général, et le mur en particulier, existe tel qu'il est, indépendamment des histoires que je peux me raconter sur lui.

En effet, on peut croire qu'en se jetant par la fenêtre on va se mettre à voler comme un oiseau. Et on va le faire ! Sauf que ce ne sera pas comme un oiseau, et surtout pas longtemps. Nous allons « voler » jusqu'à ce que la pesanteur nous fasse rencontrer le sol à une vitesse qui va dépendre de la hauteur de notre chute et de plusieurs autres paramètres comme la température, la pression, le vent…, et surtout si nous sommes équipés ou pas d'un parachute, deltaplane, ou tout autre artefact qui aurait ralenti notre chute. Cet exemple me fait penser à Elon Musk, le chef d'entreprise et milliardaire américain, qui a dit : «J'aimerais mourir sur Mars… mais pas à l'impact.»

Nous faisons cette expérience de pensée avec un mur réel quant à l'existence duquel nous nous méprenons et qui, à son contact, nous affecte. Mais nous pourrions faire la même expérience avec un mur totalement illusoire qui, persuadés que nous sommes qu'il existe, nous empêche d'avancer. Combien de fois avez-vous freiné, résisté, renoncé à un projet à cause de peurs qui vous ont bloqué dans votre élan ? Combien de fois par timidité, peur du rejet, peur du jugement des autres vous êtes-vous abstenu de faire quelque chose ? Combien de murs illusoires se sont dressés sur votre chemin ?

Au cœur de cette expérience de pensée, ce n'est pas le mur qui compte, mais la représentation que nous nous en faisons.

Épilogue

Cette voix illustre la façon dont nous nous représentons les choses, c'est le film intérieur que nous nous faisons de la réalité extérieure. Nous sommes d'ailleurs en lien avec le monde extérieur exclusivement par l'intermédiaire de ce mécanisme de représentation. Les films que nous nous faisons du monde sont en fait notre réalité. Nous n'avons que ça. L'histoire que nous nous racontons de nous-même et du monde, aussi bien à partir de ce que nous percevons à travers nos sens que ce que nous imaginons de façon hors-sol, compose notre réalité dont découlent nos réactions, nos décisions, nos comportements…, ce qui constitue un incroyable atout et une terrible menace.

1

Menacés par nos illusions

Nos capacités d'abstraction et de représentation ont constitué un atout majeur dans l'évolution de notre espèce qui s'est développée comme aucune autre sur Terre. Nous avons pu créer une multitude d'artefacts qui n'existent pas dans la nature, aussi bien dans le monde réel (du biface préhistorique au satellite en passant par la roue, les vis, les livres, les ordinateurs...) que dans le monde imaginaire qui régule nos ordres sociaux (le Code de la route, les lois, la monnaie, les nations, les mythes et légendes, les croyances collectives de toutes sortes..., nous y reviendrons).

Cette capacité est aussi au cœur de dangers majeurs pour l'être humain et son environnement, de dangers tellement grands qu'ils sont parfois mortels pour les individus et qu'ils pourraient bien aboutir à notre disparition en tant qu'espèce vivante, après avoir été responsables de ce que certains appellent aujourd'hui la sixième extinction massive de l'histoire de la planète Terre.

Selon Aurélien Barrau, astrophysicien, « *les humains représentent 0,01 % des créatures vivantes, mais ont causé 83 % des pertes animales depuis le début de la civilisation. Une situation génocidaire d'une ampleur sans précédent qui, de plus, commence à profondément nuire aux humains eux-mêmes*[1] ».

Parmi les nombreuses causes de ce phénomène, se trouvent les quantités astronomiques de déchets que nous produisons chaque jour.

Au point qu'un septième continent s'est constitué au fil des années avec des déchets plastiques. Il se situe dans l'océan Pacifique entre les îles Hawaï et la Californie. D'une superficie de 3,5 millions de kilomètres carrés (1/3 de l'Europe, 6 fois la France), avec 750 000 débris par kilomètre carré, il affecte 267 espèces marines[2].

Et pourtant, nous continuons de produire et d'accumuler des déchets plastiques car nous les consommons ! Il faut dire que tant que ce septième continent ne déborde pas sur le pas de notre porte, nous n'en subissons pas directement les désagréments. En conséquence, tout comme celui qui, s'étant jeté dans le vide du dixième étage d'un immeuble, se dit, arrivé au cinquième : « Jusque-là, tout va bien », nous persistons

1. Aurélien Barrau, *Le Plus Grand Défi de l'histoire de l'humanité*, Éditions Michel Lafon, 2019, p. 20.
2. https://www.notre-planete.info/

dans nos modes de vie sans nous soucier (par ignorance, inconscience, aveuglement, paresse…) du sol ou du mur vers lequel nous nous dirigeons à grande vitesse.

Je dis « nous », communauté humaine, au regard de la tendance globale de production mondiale atteignant 359 millions de tonnes en 2018 soit une hausse de 3,2 % par rapport à 2017[1]. Bien sûr, si vous êtes adepte et pratiquant du zéro déchet, ne prenez pas personnellement cette généralisation. Il ne s'agit que d'une représentation ne rendant que partiellement compte de la réalité, tout comme une carte ne rend pas compte de tous les détails d'un territoire.

Nos illusions nous mettent en danger de mort

Nous sommes aujourd'hui confrontés à des situations inédites sur tous les plans – écologique, climatique, sanitaire, économique, financier, social, politique… –, qui nous invitent, et parfois nous contraignent, à reconsidérer notre vision du monde.

Voici quelques exemples qui illustrent les conséquences délétères, voire mortifères, du décalage qu'il peut y avoir entre nos représentations et le réel, entre les films que nous nous faisons (ou auxquels nous

1. https://www.lefigaro.fr/flash-eco/plastiques-la-production-mondiale-en-hausse-en-2018-20190604

croyons) sur nous-même et notre environnement, et la réalité de ce qui EST.

Des fakes news *qui tuent*

Durant la pandémie liée au coronavirus SARS-CoV-2, une fausse information a fait des centaines de victimes en Iran. La *fake news* stipulant que l'alcool neutraliserait le virus a semé la confusion dans la population et provoqué, selon les autorités sanitaires, plus de 700 décès entre le 20 février et le 7 avril 2020 après l'ingestion de méthanol toxique[1].

Pas de guerre sans fake news…

Les fausses informations sont légion en temps de conflits. Elles visent aussi bien à manipuler ses propres populations que le camp adverse.

La plus célèbre d'entre elles est sans doute celle de la guerre d'Irak en 2003 qui fut justifiée par la prétendue détention par Saddam Hussein d'armes de destruction massive alors qu'il n'en était rien. On se souvient aussi des bébés koweïtiens soi-disant extraits de leurs couveuses par des soldats irakiens en 1991, ou du bobard allié de la Première Guerre mondiale sur les mains des enfants belges coupées par les Allemands.

1. https://www.vidal.fr/actualites/24851/plus_de_700_deces_par_intoxication_au_methanol_en_iran/

Dans son livre *Principes élémentaires de propagande de guerre*[1], l'historienne Anne Morelli, professeur à l'Université libre de Bruxelles, décrit les mécanismes essentiels de la propagande moderne à travers 10 principes :

1. Nous ne voulons pas la guerre.
2. Le camp adverse est le seul responsable de la guerre.
3. Le chef du camp adverse a le visage du diable.
4. C'est une cause noble que nous défendons et non des intérêts particuliers.
5. L'ennemi provoque sciemment des atrocités, et si nous commettons des bavures c'est involontairement.
6. L'ennemi utilise des armes non autorisées.
7. Nous subissons très peu de pertes, les pertes de l'ennemi sont énormes.
8. Les artistes et intellectuels soutiennent notre cause.
9. Notre cause a un caractère sacré.
10. Ceux (et celles) qui mettent en doute notre propagande sont des traîtres.

Bien sûr, chaque belligérant tient le même type de discours dans lequel ils sont les gentils et les autres sont les méchants.

L'histoire est truffée de rumeurs, mensonges et illusions qui ont contribué non seulement aux guerres, mais aussi à de terribles tueries allant jusqu'au génocide.

---

1. Anne Morelli, *Principes élémentaires de propagande de guerre. Utilisables en cas de guerre froide, chaude ou tiède... (2001)*, Aden, 2010.

… ni de génocides

Tous les massacres prennent racine dans des idéologies, des croyances, des représentations totalement fictives qui ont des liens fallacieux, voire aucun lien, avec la réalité objective. Massacre des esclaves noirs d'Irak au IXe siècle, des Chinois par les Mongols au XIIIe, des Amérindiens d'Amérique du Nord comme du Sud, des Aborigènes, des Arméniens, des Juifs, des Tziganes, des Serbes, d'hindous et de musulmans lors de la partition de l'Inde, des Cambodgiens, des Tutsis, des populations noires du Darfour…

Les films que nous nous faisons, et/ou auxquels nous croyons, sur le monde et ce que nous sommes dans le monde, ont pour conséquences ce que nous faisons de ce monde… parfois dans un bain de sang et de larmes.

Les ravages des idéologies et croyances

Ces films que nous nous faisons sur le monde, son existence, son fonctionnement, sa raison d'être, lorsqu'ils sont partagés par un grand nombre, deviennent des idéologies. Des croyances en général, et des idéologies en particulier, découlent des décisions et des comportements aux conséquences parfois dramatiques.

Une grande famine pour un grand bon

On estime que la politique chinoise du « Grand Bond en avant » (1958-1962) a eu pour conséquence une des plus meurtrières famines de l'histoire de l'humanité avec un bilan estimé entre 15 et 55 millions de victimes[1] – les historiens parlent aujourd'hui de 30 à 60 millions de morts. Parmi les causes de ce désastre, la fabrique de données de production gonflées par les responsables locaux qui annoncèrent des records de production. Les records étaient faux mais les livraisons, elles, furent réelles car forcées. La famine fit jusqu'à 20 % de victimes dans certaines régions.

Grand décalage entre représentations du réel et le réel lui-même

=

conséquences mortifères

Le lyssenkisme

Les théories du pseudo-scientifique russe Trofim Denissovitch Lyssenko étaient plus en accord avec l'idéologie qu'avec la science. Elles eurent malheureusement des conséquences sur le développement et la production agricole en URSS et en Chine. L'une de ces théories sur la densité des plantations fut mise en application en Chine et contribua à la grande famine précédemment mentionnée. La théorie de Trofim

1. https://fr.wikipedia.org/wiki/Grande_famine_en_Chine

Lyssenko reposait sur l'idée que les plantes d'une même espèce n'entraient pas en concurrence entre elles. En pratique, c'est tout le contraire qui s'est effectivement passé, il y eut alors des retards de croissance qui entraînèrent une forte baisse des rendements[1].

Grand décalage entre représentations du réel et le réel lui-même
=
conséquences mortifères

Au fil du temps, le réel étant plus que tenace, Lyssenko fut discrédité, et on parle aujourd'hui de lyssenkisme[2] à propos de science corrompue par une idéologie, où les faits sont dissimulés ou interprétés de manière erronée.

Le libéralisme et la main invisible d'Adam Smith

La main invisible, expression utilisée par Adam Smith[3], désigne la théorie selon laquelle l'ensemble des actions individuelles des acteurs économiques, guidées (par définition) uniquement par l'intérêt personnel de chacun, contribuent à la richesse et au bien commun[4].

1. https://fr.wikipedia.org/wiki/Grande_famine_en_Chine#Techniques_agricoles
2. https://fr.wikipedia.org/wiki/Lyssenkisme
3. Adam Smith est un philosophe et économiste écossais du XVIIIe siècle considéré comme l'un des pères fondateurs des sciences économiques modernes et du libéralisme économique.
4. https://fr.wikipedia.org/wiki/Main_invisible

Au vu des crises économiques et sociales des dernières années, on peut sérieusement se demander si cette main invisible parle d'un phénomène objectif ou d'une loi qui existe uniquement dans la tête de ceux qui y croient.

Et vérifier la validité d'une théorie qui conditionne le fonctionnement de nos économies modernes me semble non seulement nécessaire mais urgent étant donné l'impact délétère de leurs dysfonctionnements sur les individus, comme l'explosion de bulles économiques.

Les bulles économiques

L'explosion des bulles économiques correspond à un violent rappel à la réalité, avec de graves conséquences économiques et sociales dont les êtres humains font douloureusement les frais.

À l'instar de l'impact sur le sol de celui qui saute par la fenêtre sans parachute, on parle aussi dans la sphère financière de crash. Dans les deux cas, malgré toutes les illusions que l'on peut créer et développer sur nous-même et le monde qui nous entoure, ce qui s'éloigne trop du réel se trouve tôt ou tard et plus ou moins violemment réajusté. Le réel se rappelle au bon souvenir du rêveur tout comme la sonnerie du réveille-matin sort l'endormi de son sommeil. C'est comme ça.

Attention, je ne dis pas qu'il ne faut pas rêver, imaginer, inventer, créer. Je dis qu'il est potentiellement dangereux de ne pas s'assurer de la véracité de nos représentations sur le monde et que la réalisation d'un rêve ne peut pas se faire à l'encontre du réel. Je peux aujourd'hui sauter du toit de l'immeuble sans parachute… à condition, par exemple, d'être équipé d'un propulseur de type Jetpack ou d'un deltaplane. Il n'est pas exclu que l'on découvre comment faire la même chose sans ces équipements, mais, en tout cas, toujours en tenant compte des lois de la physique, et surtout en accord avec elles. On a un jour rêvé d'aller sur la Lune, c'est grâce aux connaissances scientifiques qui nous permettaient de nous faire une représentation proche du réel que ce rêve totalement irréalisable autrefois a été réalisé le 21 juillet 1969. Je sais, certains d'entre vous sont peut-être persuadés que l'expédition lunaire de 1969 n'a pas eu lieu, et vous avez certainement une multitude d'arguments démontrant vos dires. Tout comme ceux qui croient que la Terre est plate, vous devez absolument lire ce livre jusqu'au bout !

Dieu, les droits de l'homme, la mère patrie, la liberté

Combien sont morts au nom d'un dieu vengeur, de la mère patrie, des droits de l'homme ou d'un idéal de liberté ?

Force est de constater qu'ils sont morts pour des concepts qui n'existent que dans la tête des êtres humains.

De même peut-on évoquer leurs conséquences désastreuses que sont l'esclavage, la chasse aux sorcières, l'Inquisition, les croyances religieuses et mystiques, les idéologies politiques, économiques, sociales, les discriminations de toutes sortes (raciales, ethniques, sociales, physiques, sexuelles, de genre...), la saignée qui fut pratiquée pendant des siècles, les rumeurs persistantes, les mythes et les légendes, les théories du complot qui foisonnent sur les réseaux sociaux, le changement climatique, l'éducation et l'impuissance apprise, de la montée du radicalisme et du terrorisme...

On pourrait aussi faire une liste sur les effets bénéfiques, comme, pour ne citer qu'un exemple, le fait de vivre plus longtemps et en meilleure santé (de vingt-cinq ans d'espérance de vie au Moyen Âge à plus de soixante-quinze ans au XXIe siècle).

L'individu en danger de lui-même

On vient de voir un certain nombre de dangers au niveau collectif. Nous ne sommes bien sûr pas en reste au niveau de l'individu. Lorsque nos représentations du monde ne coïncident pas avec sa réalité, lorsque nous nous illusionnons sur ce que sont les choses, les situations, les gens et nous-même, nous payons cash, au sens propre comme au sens figuré, les factures liées aux conséquences des décalages entre nos représentations et la réalité.

Allant parfois jusqu'à y perdre la vie !

Exemple : « Allez vous faire foutre, les alligators ! »

Alors qu'un panneau « Alligators, baignade interdite » défendait les nageurs de se baigner dans un bayou du comté d'Orange, un homme de 28 ans a ignoré ces indications. Il a dit : « Allez vous faire foutre, les alligators » et il a sauté dans l'eau. Le baigneur aurait été aussitôt attaqué par un alligator de 3 mètres. Son corps a été retrouvé quelques heures plus tard, à 800 mètres de là[1].

Lorsque professionnellement nous faisons des choix sur la base d'informations erronées, nous payons tôt ou tard une facture qui peut être énergétique, financière ou de dégradation de réputation. Qu'il s'agisse de quelques heures de travail supplémentaires ou de semaines de production qui partent en fumée, du mécontentement d'un client ou de la perte d'un marché, de kilomètres de plus à parcourir, de la détérioration de matériels, de la dégradation de relations interpersonnelles, de troubles sociaux… tous ces désagréments peuvent en définitive

1. https://www.darwinawards.fr/darwin/darwin? annee = 2015

se chiffrer en manque à gagner ou en pertes financières. D'où cette image de facture à payer qui peut s'avérer très, très, très élevée. Dans l'industrie automobile, le coût du rappel de voitures présentant un problème technique se chiffre en millions, voir en milliards pour Volkswagen dans l'affaire du dieselgate.

Dans la sphère privée, nos illusions, ou plutôt nos désillusions, s'accompagnent de souffrances parfois très difficiles à surmonter. Qu'il s'agisse de soi-même, de nos proches, de notre environnement, de notre place dans la famille ou communauté, de nos relations intimes, amicales ou sociales, lorsque l'image que l'on s'en fait est trop éloignée de ce que c'est, la confrontation à la réalité s'avère d'autant plus douloureuse que le décalage est grand d'une part, et que l'on est attaché à nos illusions d'autre part.

Plus le décalage entre mes représentations et la réalité est grand, plus la confrontation de mes représentations au réel est douloureuse, d'autant plus douloureuse que je suis attaché à mes illusions.

Et le jour où ce décalage se manifeste à nous, ça peut faire mal, très mal !

Exemple : Tsunami émotionnel

Le jour où, après quinze ans de mariage, Sandrine apprend que son mari lui a été infidèle à plusieurs reprises depuis des années a été émotionnellement tsunamiesque (je sais le mot n'existe pas dans le dico, mais vous comprenez l'idée, non ?). La question ne s'était jamais posée pour elle tant elle avait confiance dans la solidité de son couple – en réalité tant elle faisait reposer la sécurité de son propre équilibre sur l'idée qu'elle se faisait du couple, et donc combien il était important d'y croire et de protéger l'illusion. Ce fut comme un tsunami pour Sandrine dont certains hologrammes ont volé en éclats du jour au lendemain.

Que l'on surestime ou sous-estime ses compétences, capacités, connaissances ou réalisations, se percevoir autrement que ce que l'on est n'est pas sans conséquences. La plus courante d'entre elles est le stress que nous endurons.

Exemple : Marie se met la pression

Voilà six semaines que Marie a pris ses fonctions dans le job de ses rêves au sein d'une organisation internationale. Après un mois, elle se sent stressée et fatiguée (facture énergétique et émotionnelle). Elle adore ce qu'elle fait, reçoit des retours très positifs des personnes avec qui elle collabore, et de sa hiérarchie, mais elle se met une forte pression pour être à la hauteur. À la hauteur de quoi ? Marie est incapable de répondre.

À en croire les retours reçus, elle est largement à la hauteur aux yeux des autres. Alors, où donc est le curseur qui fait croire que Marie n'est pas à la hauteur ? Nulle part, il n'y en a pas. Aucun élément de réalité extérieure ne vient mettre de pression sur Marie. Quand la pression se fait ressentir, Marie devra alors identifier ce qui, en elle-même, déclenche et alimente cette injonction fictive d'être à la hauteur. Ce sera alors l'opportunité de transformer ce qui, en elle, lui fait percevoir les choses autrement que ce qu'elles sont.

Derrière chaque crise, une opportunité

Cela dit, qui dit facture payée dit cadeau à prendre, immanquablement. Bien sûr, ce ne sera pas de prime abord sur le plan matériel (quoique, à terme, si). Il nous faut pouvoir voir au-delà des apparences les opportunités qui nous sont offertes en termes de prise de conscience, d'apprentissage, de mise en lumière de choses à changer, transformer, libérer en soi. Un des grands cadeaux, c'est d'ajuster notre façon de produire nos cartes afin qu'elles représentent plus fidèlement la topologie des territoires. Un autre cadeau, probablement le plus grand, c'est de mieux se connaître et de se rapprocher de soi-même (lire *Lâcher prise, comment se reconnecter à soi-même, op. cit.*).

Nous ne payons jamais de facture sans contrepartie. Même lorsqu'on s'est fait escroquer et qu'on a, semble-t-il, payé pour ne rien avoir en retour, le cadeau sera de mettre en lumière ce qui, en nous, dans notre structure, dans notre mode de fonctionnement, nous a fait croire les mensonges de l'escroc, nous a fait prendre des vessies pour des lanternes. Il n'y a pas de facture sans cadeau à prendre. Et plus la facture est élevée, plus le cadeau est grand.

Vous connaissez probablement cette citation :

«Je ne perds jamais, soit je gagne, soit j'apprends.»
Nelson Mandela

La variante que je vous propose est :

Tout ce qui me coûte est la facture d'un cadeau que je suis invité à prendre. Et plus ça me coûte, plus grand est le cadeau. Encore faut-il faire le nécessaire pour déballer et prendre le cadeau associé à la facture.

Le cadeau est rarement de même nature que la facture que l'on paye. De la même façon que lorsqu'on achète un frigo, cela nous coûte de l'argent et cela nous procure un frigo, les factures énergétiques, physiques, émotionnelles ou matérielles que nous payons nous procurent toujours un cadeau en contrepartie. À condition bien sûr de faire le nécessaire pour déballer le cadeau.

Tout ce qui me coûte est la facture
d'un cadeau que je suis invité à prendre.
Plus cela me coûte, plus grand est le cadeau.
Il m'appartient de faire le nécessaire pour
déballer et prendre le cadeau
pour lequel je paye une facture.

Les cadeaux sont là, et l'une des ambitions de ce livre, c'est de vous aider à les prendre.

Nous venons de voir qu'au cœur de la façon dont nous vivons notre vie réelle se trouve la façon dont nous nous la représentons.

Mais au fait ! Réel, réalité… de quoi parle-t-on au juste ?

2

Réel, réalité, vérité, représentations : de quoi parle-t-on?

Avant d'aller plus loin, il convient de clarifier quelques notions fondamentales en lien avec le «réel», notions qui se trouvent au cœur de ce qui est traité dans ce livre.

Qu'est-ce que le réel? De quoi parle-t-on lorsqu'on parle de réel? Quelles différences entre le réel et la réalité? Entre ce qui est réel et ce qui est vrai?

Dans de nombreux débats (pour ne pas dire tous les débats), chaque parti se prévaut d'arguments portant sur le réel, la réalité, la vérité. Chacun, de son point de vue, a raison, dit le vrai. Chacun est persuadé de parler, selon lui, du réel réellement réel, ou véritablement réel, ou vraiment vrai (je vous laisse faire toutes les combinaisons possibles).

Autrement dit, chacun est convaincu de voir les choses telles qu'elles sont et pointe du doigt les autres et leurs perceptions, interprétations, représentations erronées. Il y a là un paradoxe qui fait dire à chaque protagoniste que l'autre est un menteur.

Et pourtant, le chiffre 6 vu à l'envers se lit 9. Ainsi, deux personnes se faisant face avec le chiffre 6 au milieu peuvent débattre longtemps, et parfois même en arriver à se battre, arguant pour l'un qu'il s'agit du 6 et l'autre du 9. Dans cet exemple trivial, il est clair que les deux ont raison et disent vrai. La réalité objective est une inscription sur le sol qui, vue d'un côté se lit 6, et de l'autre côté 9.

Réel, réalité, vrai, vérité sont des mots qui font partie du langage courant, dont on fait usage, sinon chaque jour, très souvent. Mais quels sens donnons-nous à ces mots ? Pour que nous parlions de la même chose, commençons par les définir et ainsi préciser le sens qui leur sera attribué dans ce livre.

Attention ! La lecture de ce chapitre peut se révéler être pour certains lecteurs un peu fastidieuse. Vous pouvez en faire une lecture

accélérée en ne lisant que les encadrés qui synthétisent et donnent les notions clés nécessaires à comprendre pour avoir une lecture facile et fluide des chapitres suivants.

Quelques définitions

Pour établir les définitions des mots qui vont être ici fréquemment utilisés, j'ai eu recours au Centre national de ressources textuelles et lexicales, à Wikipédia, à la plateforme reverso.net et au Larousse en ligne.

Commençons par ce qui est au cœur du cœur du sujet de ce livre, le réel !

RÉEL

Définition du nom :

Réel – nom masculin : *Ce qui existe effectivement, factuellement, indépendamment du sujet. S'oppose à imaginaire.*

Synonymes : *univers, concret, fait, réalité, authenticité, tangibilité, exactitude, vrai.*

Antonymes : *fiction, imagination, illusion, hallucination, rêve, songe, utopie, apparence, mensonge, faux.*

Définition de l'adjectif :

Réel – adjectif : *Qui existe d'une manière effective et autonome, qui n'est pas un produit de la pensée, qui est dégagé de la subjectivité du sujet.*

Synonymes : *existant, effectif, tangible, patent, factuel, concret, physique, matériel, palpable, visible, véritable.*

Antonymes : *irréel, fictif, imaginaire, virtuel, illusoire, hallucinatoire, faux.*

Définition
Réel : ce qui existe effectivement, factuellement, indépendamment du sujet. S'oppose à imaginaire.

Vrai ou réel ?

Nous pouvons voir que les mots vrai et faux figurent dans la liste des synonymes et antonymes du mot réel. Il convient de préciser la différence qu'il y a entre réel et vrai, réalité et vérité. Commençons par définir les mots vrai et vérité.

VRAI – VÉRITÉ

VRAI : définition

Vrai – adjectif : *Se dit d'une affirmation conforme à la vérité, à la réalité. Que l'on juge conforme à ce qui existe ou a existé.*

Synonymes : *juste, exact, authentique, véridique, réel, véritable, conforme.*

Antonymes : *faux, inexact, mensonger, imaginaire.*

VÉRITÉ : définition

Vérité – nom féminin : *Connaissance ou expression d'une connaissance conforme à ce qui existe ou a existé réellement. Affirmation conforme aux faits tels qu'ils se sont déroulés.*

Ainsi, qualifier un énoncé de vrai suppose la conformité de cet énoncé avec la réalité qu'il décrit.

Synonymes : *exactitude, justesse, authenticité, véracité, véridicité, vrai.*

Antonymes : *mensonge, fausseté, erreur, fiction, illusion, boniment.*

Définition
Vérité : connaissance ou affirmation conforme à la réalité, à ce qui existe ou a existé réellement.

Ainsi, on parle de vérité lorsqu'il y a correspondance entre une proposition et la réalité à laquelle cette proposition fait référence. Par exemple, si je dis « Il pleut dehors » et qu'effectivement il pleut dehors, la proposition « Il pleut dehors » peut être qualifiée de vraie. On dira que c'est une vérité. Bien sûr, cette vérité est dépendante du contexte, du lieu et du moment où celle-ci est énoncée. La même proposition faite le lendemain avec une météo plus clémente, à savoir ensoleillée, sera bien évidemment fausse.

Une image vaut mille mots, explicitons la différence à l'aide d'une illustration.

Dans ce que représente le schéma ci-dessus, qu'est-ce qui est réel ?

Le cylindre en tant qu'objet, l'ombre portée en forme de carré sur le mur parallèle à l'axe du cylindre et l'ombre portée en forme de rond sur le mur perpendiculaire à l'axe du cylindre.

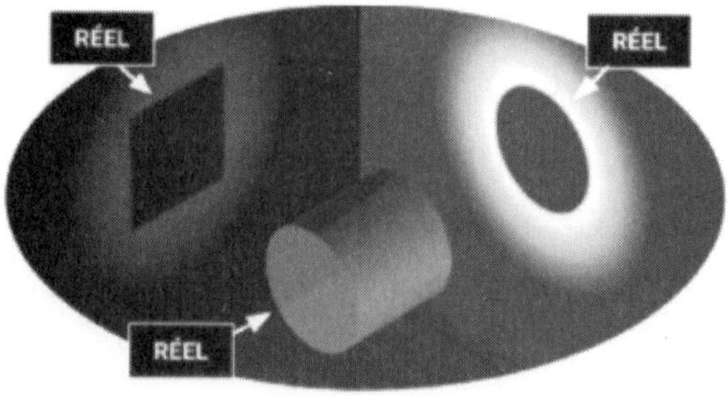

Un observateur positionné dans l'axe du cylindre dira en voyant l'objet qu'il est rond et celui positionné perpendiculairement au cylindre dira que l'objet est carré. Tous deux disent la vérité. La proposition de chacun est vraie, c'est-à-dire qu'elle rend compte effectivement de ce qui est, le cylindre, vu du point de vue où ils se trouvent. Si l'un ou l'autre avait dit triangle ou étoile, ce serait faux. Mais en disant respectivement rond et carré, tous deux disent la vérité.

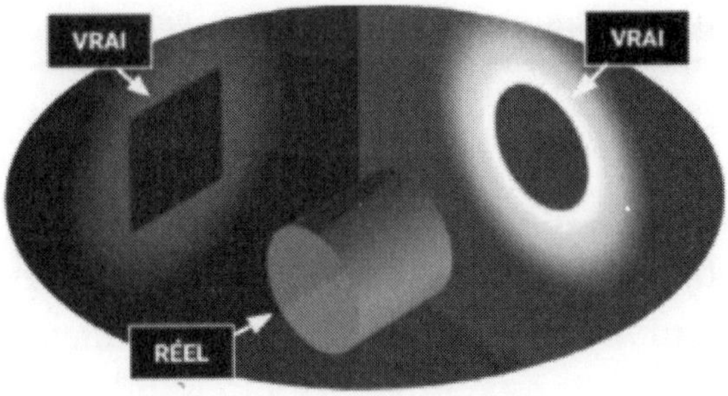

LE RÉEL

De quoi parle-t-on lorsqu'on parle du réel dans ce livre ? Nous considérerons comme « le réel » tout ce qui existe en soi, aussi bien les objets matériels ou biologiques que les processus ou les phénomènes.

Par exemple, la planète Terre fait partie du réel. Les atomes, les processus physiques, chimiques, électromagnétiques font partie du réel. Les êtres humains, tout ce qui vit, les processus biologiques, neurologiques, psychiques font partie du réel. Tout cela a une existence en soi.

Autrement dit, tout ce qui existe aussi bien en tant qu'objet, processus ou phénomène au sens large, est ce que l'on désignera comme étant « le réel ».

Le réel :
tout ce qui existe aussi bien en tant qu'objet, processus ou phénomène au sens large.

J'attire ici votre attention sur la distinction qu'il convient de faire entre un phénomène et le sens ou l'explication d'un phénomène. J'entends par phénomène ce qui se produit effectivement de façon tangible et perceptible. Par exemple, les phénomènes OVNI ou *crop circles* sont ce que l'on observe dans le ciel et dans les champs de céréales. On peut parler d'observations objectives. En revanche, l'explication du phénomène (comment et les raisons pour lesquelles il est survenu) ne relève pas du réel mais de l'interprétation subjective que chacun peut faire du phénomène.

RÉALITÉ

Le mot réalité est un peu plus complexe à définir car plus polysémique que le mot réel. On parle de réalité physique, virtuelle, augmentée, psychique, extérieure…

En voici tout d'abord une définition simple que nous allons, dans un deuxième temps, expliciter davantage :

Définition du nom :

Réalité – nom féminin : *Caractère de ce qui est réel, de ce qui existe effectivement (et n'est pas seulement une apparence).*

Synonymes : *réel, concret, fait, évidence, existence, tangibilité, matérialité.*

Antonymes : *fiction, illusion, imagination, hallucination, rêve, songe, fantasme, apparence.*

L'existence du système solaire est une réalité. Il n'est pas le fruit de l'imagination. D'ailleurs, la capacité d'imagination des êtres humains est aussi une réalité. Cette capacité n'est pas imaginée, elle existe effectivement. En revanche, ce que l'être humain imagine n'a pas d'existence matérielle. Ce que nous imaginons n'existe qu'en tant que fiction produite par notre imagination. C'est une image abstraite, une représentation fictive et subjective, qui n'a pas de réalité objective.

Au même titre que le plan d'une ville a une existence réelle objective en tant que plan, est une réalité en tant que plan, les représentations que nous nous faisons du monde sont une réalité en tant que représentations.

Nos représentations mentales nous parlent éventuellement de quelque chose de réel, mais elles n'en restent pas moins des représentations qui ne sont pas réelles. Elles ont une réalité en tant que représentations, elles ont une existence en tant que réalité subjective, mais ne sont pas une réalité objective. À l'instar de la pipe du tableau de Magritte[1] *La Trahison des images*, le tableau représente une pipe mais n'est pas une pipe (c'est d'ailleurs ce que l'artiste a inscrit sur son tableau). Le tableau existe en tant que tableau. Sa réalité objective est que c'est un tableau, pas une pipe.

Ce que représente le tableau est une pipe. C'est là aussi une réalité en soi. Mais à aucun moment il ne viendrait à l'idée de quelqu'un d'essayer de fumer du tabac avec ce tableau. Le tableau représente une pipe… mais n'est pas une pipe. La représentation que nous nous faisons d'un objet n'est pas l'objet. Les représentations que nous nous faisons du monde réel ne sont pas réelles.

1. René Magritte est un peintre surréaliste belge du XXe siècle.

Nos représentations mentales nous parlent éventuellement de quelque chose d'objectivement réel, mais elles n'en restent pas moins des représentations qui ne sont pas le réel qu'elles représentent.
La carte n'est pas le territoire.

Prenons un autre exemple. Si Paul imagine une licorne rose, le fait que Paul imagine et visualise une licorne rose est en soi une réalité en tant que phénomène ou comportement. En revanche, la licorne rose imaginée par Paul n'est pas réelle. C'est une fiction, une représentation mentale qui n'a pas de réalité en tant qu'objet, en tant que licorne. Dès que Paul cesse de visualiser ou de croire en la licorne, elle disparaît, elle n'a plus d'existence. Elle n'a d'existence qu'à travers la capacité d'imagination et d'abstraction de Paul. Elle est une réalité subjective, celle de Paul. Tant et aussi longtemps que Paul imaginera une licorne rose, elle existera en tant que représentation au sein de la réalité subjective de Paul. Si Paul entreprend de peindre un tableau représentant une licorne rose, le tableau sera en soi bien réel, objectivement réel. Cela n'en conférera pas pour autant une réalité matérielle à la licorne rose.

Pour reprendre l'exemple du tableau de Magritte, la représentation d'une pipe existera tant que le tableau existera même si toutes les pipes devaient disparaître de la surface de la Terre. Même si toutes les pipes venaient à disparaître de l'univers tout entier, le tableau continuerait d'exister en tant qu'objet représentant une pipe qui, dans cette hypothèse, n'existerait plus en tant qu'objet « pipe ». On pourrait alors qualifier cette œuvre d'art abstrait.

Est une réalité ce qui existe effectivement, aussi bien de façon objective que de façon subjective.

Ainsi mettons-nous en évidence ici l'existence de deux réalités, l'une attachée à l'objet et que nous appelons ***réalité objective***, l'autre attachée au sujet dite ***réalité subjective***. Nous verrons ultérieurement plus en détail les différentes formes que prend la notion de réalité. Il convient maintenant de préciser ce que l'on entend par « représentation ».

REPRÉSENTATION

Représentation désigne étymologiquement « l'action de replacer devant les yeux de quelqu'un » (cnrtl.fr). Le mot est polysémique (image, figure, symbole, signe, action de représenter par le moyen de l'art, du langage, activité de quelqu'un qui représente une personne, une collectivité, une société...). Nous n'expliciterons ci-dessous que le sens qui lui est donné dans cet ouvrage, et qui se trouve au carrefour des points de vue de la psychologie cognitive et sociale, des neurosciences et de la philosophie.

Définition du nom :

Représentation – nom féminin : *Construction dans le cerveau d'un sujet de ce qui est perçu (chose, phénomène, événement, comportement...), ressenti (sensoriellement, émotionnellement, énergétiquement...) ou pensé (imaginé, interprété, conceptualisé...).*

Synonymes : *perception, description, transcription, compréhension, interprétation, supposition, modélisation, projection, image, vision, impression.*

Antonymes : *je ne trouve pas d'antonyme dans le cadre de cette définition.*

Ainsi engloberons-nous sous le vocable « représentation » tout ce que nous produisons mentalement et neurologiquement, aussi bien à partir de stimuli sensoriels (qualifiés de *qualia* en philosophie) que de nos capacités cognitives de création de sens et d'abstractions.

Définition
Représentation : construction dans le cerveau d'un sujet de ce qui est perçu, ressenti ou pensé.

Au même titre que le tableau de Magritte représentant une pipe n'est pas une pipe, la représentation que nous nous faisons d'une chose n'est pas la chose elle-même. Autrement dit, la carte n'est pas le territoire.

Le plan d'une ville n'est pas la ville qu'elle cartographie. Cela paraît évident dit comme cela. Mais dans notre façon de fonctionner, du fait même de notre mode de fonctionnement, nous faisons souvent la confusion. En effet, nous n'accédons au réel qu'à travers les représentations que nous nous en faisons. Nos représentations sont « notre réalité ».

Nous n'accédons au réel qu'à travers les représentations que nous nous en faisons. Nos représentations sont « notre réalité ».

Nos représentations sont notre réalité subjective.

Postulat sur le réel

Pour être tout à fait rigoureux dans ma démarche, et suite aux nombreuses recherches que j'ai faites sur le réel, il convient de poser un postulat[1] pour trancher, le temps de la lecture de ce livre, un débat qui existe depuis des millénaires, peut-être même depuis qu'*Homo sapiens* existe, celui de l'existence et du statut du réel.

Le but de ce livre n'étant ni purement philosophique, ni rigoureusement scientifique mais pratico-pratique,

1. Postulat : proposition qui ne peut être démontrée, mais qui est nécessaire pour établir une démonstration.

je propose un postulat, c'est-à-dire de présenter un énoncé comme vrai sans avoir la possibilité de le démontrer.

Puisque nous avons vu que le réel existe en soi, cela implique aussi qu'il existe en dehors de soi, en dehors de moi, indépendamment de la capacité sensible de le contacter ou intelligible de le qualifier, le décrire, le représenter. Ce qui m'amène à proposer l'énoncé suivant comme postulat sur le réel :

Postulat sur l'existence du réel

Le réel existe

Le réel existe en soi en tant qu'objet indépendamment du sujet capable de l'observer.

Il existe une réalité objective, le réel,
et une réalité subjective,
la représentation que nous nous en faisons.

Le réel existe tel qu'il est indépendamment de la perception que l'on peut en avoir et de la représentation que l'on peut s'en faire.

Vous pouvez bien sûr ne pas être d'accord avec cet énoncé, avec des arguments plus ou moins solides, voire très solides. En effet, au niveau des particules, dont la physique quantique décrit et prédit les phénomènes avec une précision vertigineuse, le principe d'indétermination ne permet pas de dire que les choses existent de façon absolument certaine et déterminée, ce que l'on peut faire avec les objets classiques comme une voiture, un frigo ou un stylo. Albert Einstein et Niels Bohr en ont débattu pendant des dizaines d'années (je vous recommande à ce sujet l'écoute de la passionnante conférence d'Étienne Klein qu'il donna en 2013 à la Sorbonne sur « Le débat quantique – Albert Einstein *vs* Niels Bohr[1] »).

Sachez que c'est sur la base de ce postulat que tout le livre est construit car je ne parle que de phénomènes à notre échelle d'existence qui ne relèvent par conséquent que de la physique dite classique. Un autre ouvrage en cours de gestation prendra en compte la notion de non-séparabilité appelée intrication dans le formalisme de la physique quantique et qui a été incontestablement mis en évidence pour la première fois par Alain Aspect en 1981.

Par ailleurs, autre exemple d'objection à ce postulat, si vous croyez que nous sommes le produit d'une simulation informatique, je ne peux pas vous prouver le contraire de la même façon que je ne peux pas prouver mon affirmation. En revanche, je peux souligner que, dans l'hypothèse que ce que nous vivons est le produit d'une réalité virtuelle issue d'un programme

---

1. Conférence sur « Le débat quantique – Albert Einstein *vs* Niels Bohr », disponible chez Audible.

informatique, cela reporte juste d'un cran la question du réel au niveau des machines, support matériel physiquement réel, qui hébergent la simulation virtuelle de notre existence.

Le postulat que je propose est simple. Je ne vais pas rentrer dans le détail des nombreux arguments qui tendent à le valider mais je vous demande d'y souscrire le temps de la lecture de ce livre pour que vous en saisissiez pleinement toute la démarche.

Un réel, quatre niveaux de réel objectif

Partant du principe que le réel existe, essayons d'en délimiter les contours.

Rappel
Encore une fois, si la lecture de ce chapitre est ennuyeuse ou difficile, n'insistez pas. Faites-en une lecture accélérée en ne lisant que les encadrés qui synthétisent et donnent les notions clés nécessaires à comprendre pour avoir une lecture facile et fluide des chapitres suivants.

Réel observable et inaccessible

Considérons l'univers, à savoir l'ensemble de tout ce qui existe, la totalité des êtres et des choses. Nous pouvons dans un premier temps distinguer ce qui, dans l'univers, est observable[1] de ce qui est hors de portée de nos capacités, avec ou sans instruments d'observation, et que je qualifie dans le schéma ci-dessous de réel inaccessible. La frontière entre les deux se déplace bien évidemment au cours du temps au rythme de l'évolution non seulement de nos moyens techniques d'observation, mais aussi des théories et des modèles physiques et mathématiques que nous développons pour nous représenter le réel et en décrire les phénomènes.

Les 4 niveaux de réel objectif (fig. 1)

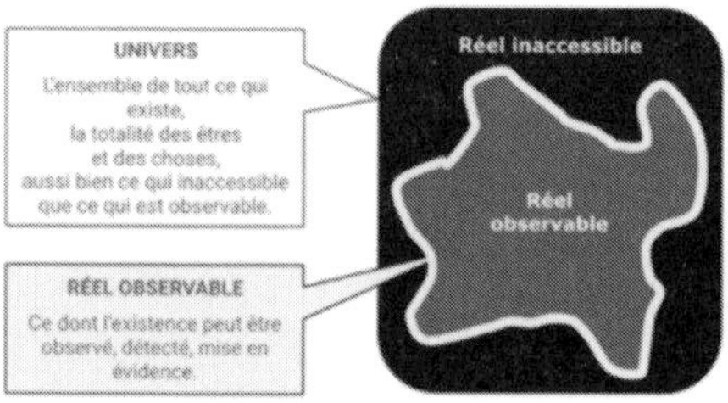

À titre d'exemple, les ondes gravitationnelles[2] ont été prédites en 1916 à partir de la théorie de la relativité

1. Attention, en cosmologie et en astronomie, la notion d'univers observable est différente. C'est la partie de l'univers comprise dans une sphère de 13,7 milliards d'années-lumière.

2. Les ondes gravitationnelles ont été prédites en 1916 par Albert Einstein à partir de sa théorie de la relativité générale. Sans rentrer dans le détail, elles provoquent une déformation de la courbure de l'espace-temps, ce qui a pour conséquence concrète de faire varier la taille des objets physiques. Un peu comme si, au passage d'une onde gravitationnelle, la taille de votre baguette de pain au lieu de mesurer 50 cm se mettait à osciller entre 49,09 et 50,01 cm… excepté que ce ne sont pas 2 chiffres après la virgule mais 20 qu'il conviendrait de mettre. Inutile de vous dire combien elles sont difficiles à détecter. Au point qu'Albert Einstein lui-même pensait qu'on ne serait jamais en mesure de mesurer ce phénomène physique, allant jusqu'à douter de son existence réelle, n'écartant pas la possibilité que cette hypothèse ne soit qu'un artefact mathématique.

générale par Albert Einstein, mais découvertes, c'est-à-dire effectivement mises en évidence par l'observation, en 2016, soit un siècle plus tard. Il s'agit là d'un élément de réalité de l'univers dont nous étions totalement ignorants avant 1916 (réel inaccessible). Les modèles de représentation de cette réalité nous ont permis d'en prédire l'existence que nous n'avons pu effectivement observer qu'en 2016. La grande frontière entre réel inaccessible et univers observable a donc bougé le jour de cette découverte.

Il en est de même pour le boson de Higgs[1] prédit en 1964 et découvert au LHC[2] en 2012.

Ainsi, la taille de l'univers observable n'est pas la même aujourd'hui qu'il y a mille ans, cent ans, dix ans, ou même un an. Nous repoussons encore et toujours plus loin l'horizon, aussi bien vers l'infiniment grand que vers l'infiniment petit.

Elles furent découvertes en 2016 (observées en 2015 mais la publication des résultats date du 11 février 2016) par des chercheurs du LIGO (Laser Interferometer Gravitational-Wave Observatory). Ils ont en effet détecté directement l'onde émise par la fusion de deux trous noirs situés à 1,3 milliard d'années-lumière de la Terre.

1. Je vous recommande l'explication qu'Étienne Klein en fait lors d'une de ses interventions : « La structure fondamentale de la matière : le boson de Higgs », diffusé le 24 mai 2018 sur la chaîne YouTube Thinkerview.

2. LHC (Large Hadron Collider) : Le « grand collisionneur de hadrons » est un accélérateur de particules du CERN (Centre européen pour la recherche nucléaire). Il fait 27 km de circonférence et est situé dans la région frontalière entre la France et la Suisse.

Réel inconnu, hypothétique, connu

Au sein de l'univers observable, nous pouvons intuitivement distinguer deux réels, le connu et l'inconnu. La frontière entre les deux est plus difficile à définir que celle qui délimite le réel observable du réel inaccessible. On peut même dire que c'est plus qu'une frontière et qu'il s'agit d'une zone tampon à géométrie variable allant même au-delà des frontières de l'univers observable, et dont les variations se font au rythme de la validation ou l'invalidation des hypothèses avancées pour décrire le réel. J'ai nommé cette zone le « réel hypothétique ». Je sais, c'est un oxymore, une association de deux mots contradictoires. C'est pourtant bien de cela qu'il s'agit, à savoir toutes les hypothèses que nous faisons sur le réel sans avoir pu formellement vérifier leur validité.

NB : cet oxymore s'explique car nous mélangeons dans la description proposée ici réel objectif et réalités subjectives (voir § « Réalité, définition », p. 57).

Les 4 niveaux de réel objectif : inaccessible - inconnu - hypothétique - connu (fig. 2)

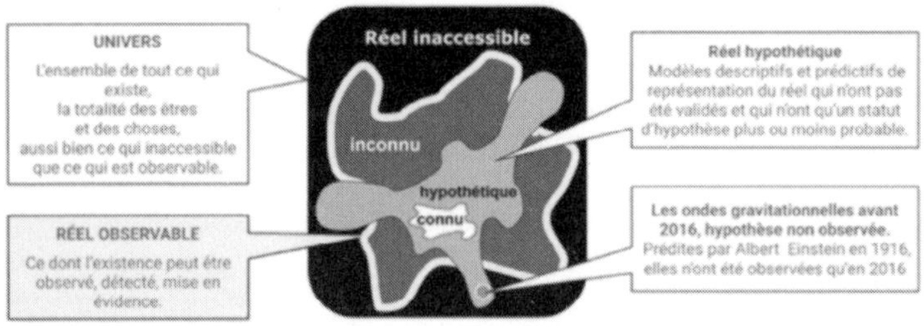

Croyance ou connaissance ?

Autrefois, les prêtres, les sorciers, druides ou autres chamanes étaient les détenteurs officiels des connaissances de leurs époques, connaissances dont la plupart sont de nos jours qualifiées de croyances. Mais, au fait, qu'est-ce qui différencie une croyance d'une connaissance ?

Avant d'expliciter ce qui les différencie, qu'est-ce qui fait qu'on peut les mettre en parallèle ? En effet, on peut comparer une carotte et un navet d'un point de vue agricole mais pas une carotte et une brosse à dents. Il convient donc de souligner ce qui les relie et constitue fondamentalement un élément de similitude qui fait qu'on peut effectivement les comparer et les différencier.

Croyances et connaissances n'existent que dans la mesure où un sujet les produit, toutes deux relèvent de la réalité subjective, appartiennent au monde des représentations.

Dans le cadre de cet ouvrage, on entend par connaissances les représentations subjectives qui rendent effectivement compte de ce que sont les choses ou les phénomènes dans leur réalité objective. Ainsi, une connaissance sera considérée comme telle s'il y a concordance entre la représentation et l'objet qu'elle représente, entre la carte et le territoire. Aujourd'hui, c'est communément la science et la démarche scientifique qui permettent de dire avec une assurance relativement élevée si une chose est connue, hypothétiquement connue, ou inconnue. Vous trouverez un peu plus loin un exemple qui illustre la différence de ces trois statuts, et comment on passe de l'un à l'autre.

Une croyance, pour faire simple, est une représentation considérée comme vraie (voir § « Vrai ou réel ? », p. 51-52) sans avoir vérifié que celle-ci rend effectivement bien compte du réel. Autrement dit, une croyance est une représentation (une carte) que l'on se fait d'objets ou de phénomènes, sans avoir (ou parfois vouloir) vérifié qu'elle rend fidèlement compte du réel (le territoire). Ainsi, les croyances sont-elles souvent des certitudes sans preuves.

Croyance ou connaissance ?
Connaissances et croyances relèvent toutes deux de la réalité subjective, du monde de nos représentations.
Une connaissance est une croyance dont les représentations ont résisté aux confrontations avec le réel.

Illustration par Neptune

Pour illustrer comment l'on passe d'un statut du réel à l'autre, voici très résumée l'histoire de la découverte de la planète Neptune dont la particularité est que son existence et sa position furent prédites par le calcul.

La découverte de Neptune et comment elle est passée du réel inaccessible au réel connu

Acte I : Neptune (sans savoir qu'il s'agit de Neptune puisque pas encore découverte) est remarquée en 1612 par Galilée, mais il la considère comme une étoile. *Neptune fait alors son entrée dans l'univers observable dans la partie « réel inconnu ».*

Acte II : À partir de 1788, on constate une anomalie entre l'orbite théorique, c'est-à-dire l'orbite calculée selon le modèle de Newton, et l'orbite observée d'Uranus. Plusieurs hypothèses sont envisagées pour expliquer ce phénomène, dont l'existence d'une planète jusqu'alors inconnue.

Acte III : Au XIXe siècle, l'astronome et mathématicien Urbain Le Verrier détermine par le calcul l'endroit où devrait se situer cette planète inconnue. *Neptune fait son entrée dans la zone tampon dite « réel hypothétique ».*

Acte IV : Johann Gottfried pointe son télescope le 23 septembre 1846 dans la direction indiquée par son ami Le Verrier, et bingo, on découvre la planète Neptune ! *Neptune fait son entrée dans la partie « réel connu ».*

Ainsi, Neptune faisait partie du réel inaccessible jusqu'à ce que Galilée la voie en 1612, la faisant ainsi passer dans le réel inconnu de l'univers observable (l'hypothèse faite à ce moment-là – « c'est une étoile » – s'est révélée inexacte). Neptune passe ensuite dans une zone tampon par la prédiction de son existence avant même d'avoir été observée formellement (le lien avec ce qui avait été précédemment observé n'ayant pas été fait). Elle fait alors partie du réel hypothétique. Puis, en 1846, grâce aux prédictions d'Urbain Le Verrier et à l'observation de Johann Gottfried, Neptune fait son entrée dans le périmètre du réel connu.

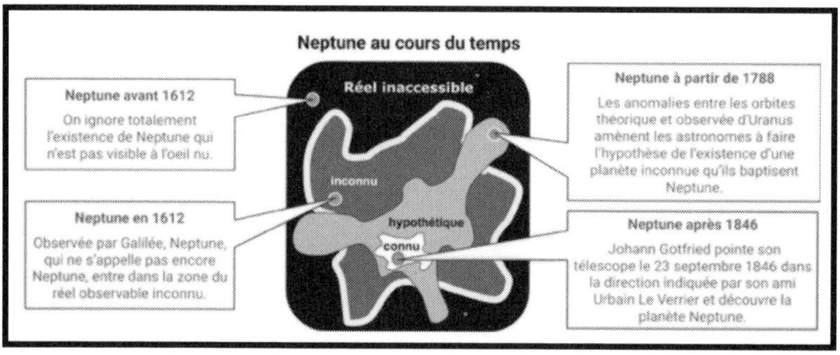

Les exemples sont légion dans l'histoire de la science : les ondes gravitationnelles citées précédemment, le boson de Higgs, le neutrino…

La démarche scientifique

Comment un scientifique sait-il ce qu'il sait et comment peut-il affirmer que cela relève du connu et non pas de l'hypothétique ? De la connaissance et non pas de la croyance ?

Avant tout, en restant toujours conscient que sa connaissance du réel parle du réel mais n'est pas le réel (vous vous souvenez ? La carte et le territoire, le tableau de Magritte… cf. § « Quelques définitions », p. 51-65), et, par conséquent, en confrontant ses propres représentations subjectives à la réalité objective. C'est ce que font les scientifiques dans l'étape d'expérimentation de la démarche scientifique. C'est ce qui fait que les connaissances scientifiques ne sont pas l'équivalent des croyances.

Qu'est-ce que la démarche scientifique ?

La démarche scientifique est la méthode utilisée par les scientifiques pour élaborer des modèles descriptifs, explicatifs et prédictifs du monde qui nous entoure et des phénomènes qu'on y observe. Elle se décompose en plusieurs étapes :

- Observation d'un phénomène.
- Formulation d'une problématique.
- Émission d'hypothèses.

• Expérimentation des hypothèses qui sont infirmées ou confirmées.

• Formulation de nouvelles hypothèses si elles sont infirmées.

• Construction de modèles ou de théories si elles sont confirmées.

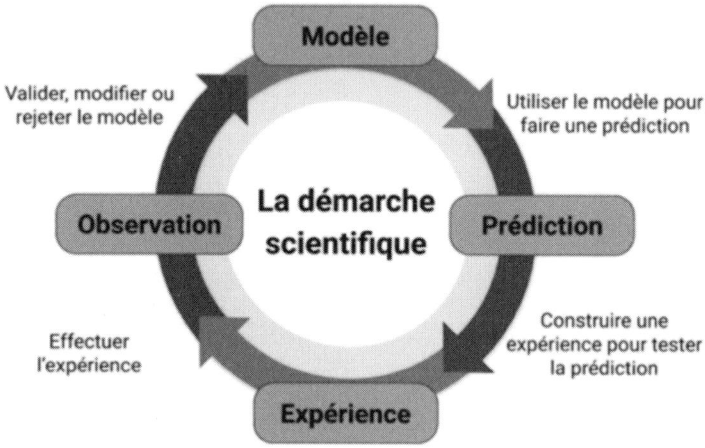

Cette démarche se décline en différentes méthodes selon le domaine de recherche (sciences physiques, biologie, sciences humaines…) et recourt plus ou moins aux mathématiques pour construire les modèles. En sciences physiques, le formalisme mathématique est très présent dans l'élaboration des théories. C'est très différent en sciences humaines où les statistiques sont de précieux outils de mesure mais pas de construction de modèles.

Ainsi, une hypothèse devient valide si elle résiste aux observations et aux expérimentations. Et plus elle résiste dans le temps, plus l'hypothèse et le modèle qui en découle sont solides… jusqu'à preuve du contraire. Il suffit parfois d'une seule observation qui infirme l'hypothèse pour que celle-ci soit remise en question, adaptée, voire abandonnée. C'est ce qui s'est passé avec l'anomalie du périhélie de Mercure.

Quarante-trois secondes qui font la révolution : l'histoire du périhélie de Mercure

Quarante-trois secondes, c'est le temps qui s'est écoulé entre le largage de la bombe atomique sur Hiroshima et son explosion. C'est aussi le décalage angulaire par siècle de la position du périhélie de Mercure – le point de sa trajectoire situé au plus proche du Soleil – entre sa position observée et sa position calculée selon les équations de Newton. Pour vous faire une idée, quarante-trois secondes d'arc correspondant à l'angle de l'épaisseur d'un cheveu positionné à un mètre de vos yeux. C'est très très petit, mais ce n'est pas nul, ce qui témoigne d'une anomalie. La méthode scientifique impose donc d'expliquer l'anomalie ou bien de modifier le modèle ou encore de le rejeter.

Décalage du périhélie de Mercure

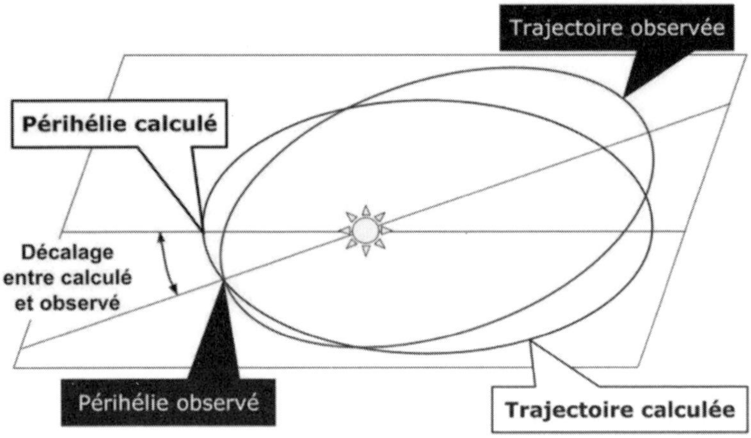

Les équations de la mécanique classique de Newton fonctionnent remarquablement bien pour les autres planètes du système solaire. Elles ont d'ailleurs permis de prédire la position de Neptune (voir p. 72) avant même de l'avoir observée du fait de l'anomalie constatée dans la trajectoire d'Uranus. On a bien essayé la même recette pour Mercure, allant même jusqu'à nommer Vulcain la planète qui aurait permis de rétablir l'accord entre théorie et mesure. Mais rien à faire, ce qui n'existe pas n'existe pas.

C'est une révolution complète de modèle avec la théorie de la relativité générale d'Albert Einstein qui a permis de résoudre l'anomalie. Ce n'est pas un ajustement des équations mais un changement complet de paradigme. En relativité générale, la trajectoire des planètes ne dépend pas des forces d'attraction qui agissent les unes sur les autres comme le propose la théorie de Newton, mais de la déformation de l'espace-temps induite par la présence d'objets massifs.

Ainsi, l'anomalie des quarante-trois secondes d'arc de décalage par siècle entre la position du périhélie de Mercure mesurée et calculée n'a pas été résolue par une solution ontologique, la mise en évidence de l'existence d'un objet, mais par une solution législative, une nouvelle loi avec laquelle prédictions et observations concordent parfaitement.

Synthèse : les quatre niveaux du réel

En résumé, nous considérerons comme connu ce que l'on peut observer et dont les modèles de représentation ont été validés suite à la confrontation au réel à travers l'expérimentation.

(Par exemple : la théorie de la relativité, la mécanique quantique, la théorie de l'évolution…)

Sera qualifié d'hypothétique, le réel, observable ou non, faisant l'objet de modèles n'ayant pas été validés par des résultats probants issus d'une expérience (le Big Bang, la théorie des cordes…).

Et enfin, sera qualifié de réel inconnu ce que l'on peut observer et pour lequel on ne dispose pas de modèle de représentation.

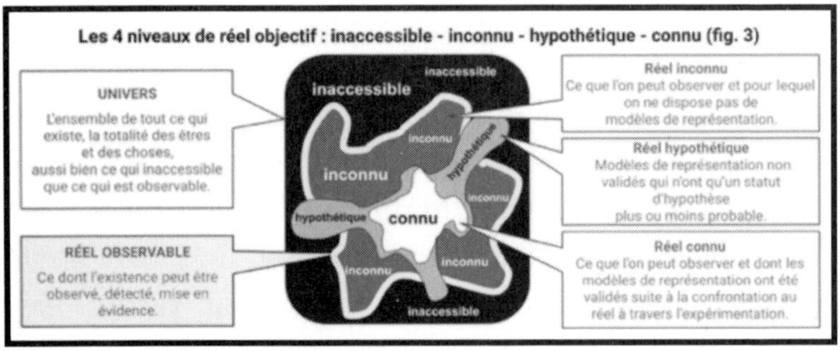

Les proportions de surface de la figure 3 ne sont pas vraiment représentatives des tailles relatives des unes par rapport aux autres. Le réel inaccessible est potentiellement de taille infinie, le réel connu est minuscule par rapport à l'inconnu, et l'hypothétique, compte tenu des incommensurables capacités d'imagination de l'être humain, peut même être beaucoup plus grand que le réel inconnu pour monsieur ou madame «Je sais tout et j'ai une explication sur tout». Voici un schéma, «une carte», qui reflète selon moi davantage la réalité du «territoire».

Les 4 niveaux de réel objectif : inaccessible - inconnu - hypothétique - connu (fig. 4)

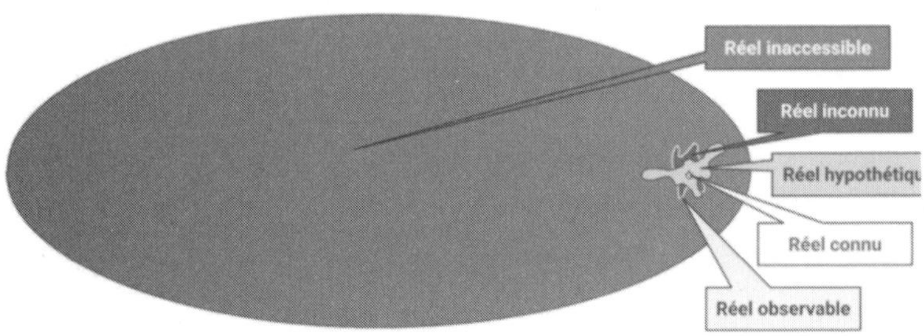

Maintenant que nous sommes clairs sur la notion de réel, qu'en est-il de la réalité?

Attention !

La compréhension des notions de réalité objective, subjective et intersubjective est importante pour la suite du livre. Veillez à faire une lecture attentive du prochain sous-chapitre.

Un réel, trois réalités

Nous avons précédemment mis en évidence (voir § « Réalité : définition », p. 57) l'existence de deux réalités, l'une attachée à l'objet et que nous appelons ***réalité objective***, l'autre attachée au sujet dite ***réalité subjective***. Il convient d'en expliciter une troisième dont l'impact sur notre vie est considérable : la réalité intersubjective.

Lorsqu'un individu croit en quelque chose qui n'a pas d'existence tangible, objective, cette chose existe malgré tout pour cet individu. Elle fait partie de sa réalité subjective et va conditionner son interprétation du monde, ses réactions, ses interactions avec son environnement, bref, sa vie.

Par exemple, croire au père Fouettard, au croquemitaine ou au Père Noël aura tendance à nous faire privilégier les comportements qui auront pour effet, selon nos croyances, d'obtenir les faveurs des uns et d'éviter les tourments des autres... alors qu'aucun de ces trois personnages fictifs n'existe objectivement. J'espère ne décevoir personne en faisant cette révélation. Vous noterez que je suis précautionneux dans le choix de mes exemples. J'aurais pu en choisir des plus polémiques, mais je vous laisse le soin de compléter la liste selon vos propres expériences.

Lorsque plusieurs individus croient en la même chose, cela devient une réalité intersubjective. Et, aussi étrange que cela puisse paraître, c'est cette réalité qui a le plus d'impact dans nos vies au quotidien. C'est parce que nous partageons les mêmes croyances que nous sommes en mesure de fonctionner ensemble en société. Que ferions-nous sans le Code de la route, les lois, la monnaie qui nous permet de faire du commerce, les règles du jeu de nos sports favoris... ?

Prenons l'exemple du football qui s'appelle ainsi, rappelons-le, car c'est un sport qui se joue principalement avec les pieds (*foot* signifie pied en anglais). C'est parce que tous les joueurs acceptent les règles du jeu qu'ils peuvent jouer ensemble. Si quelqu'un refuse la règle qui interdit de toucher le ballon avec les mains, il devra s'orienter vers le handball, le basket ou le rugby. Il ne pourra pas jouer au football (sauf s'il joue au poste de gardien de but, bien sûr). Au basket, c'est le contraire. Il est interdit de jouer avec les pieds. Au rugby, on a le droit de toucher le ballon avec les pieds et avec les mains, mais quand c'est avec les mains, il est interdit de passer la balle vers l'avant. Chaque sport a ses spécificités, ses règles, qui n'existent que dans la réalité subjective des individus, et qui, de fait, devient une réalité intersubjective puisque partagée par plusieurs individus. Le football n'existe pas en soi dans l'univers. Il n'existe que dans le monde des représentations, et c'est parce que celles liées au football, en l'occurrence ses règles du jeu, sont partagées par tous les joueurs qu'ils peuvent jouer ensemble sur un terrain qui lui-même a été construit selon ces mêmes règles. Le football relève de la réalité intersubjective.

Quand nous célébrons la nation, le travail, un saint ou un mariage, nous célébrons quelque chose qui n'a d'existence là encore que dans la réalité intersubjective. Même s'il existe des artefacts qui ont une réalité objective comme un drapeau, des frontières, des passeports, des tableaux ou des livres d'histoire, les nations n'ont d'existence que dans la tête des êtres humains.

Ainsi, le réel tel que défini dans ce livre se décline en trois réalités :

Réalité objective	**Réalité subjective**	**Réalité intersubjective**
Attachée à l'objet. Existence en soi, en tant qu'objet, indépendamment de la capacité de le percevoir, de le décrire ou de le représenter. Le réel objectif existe en dehors du sujet.	Attachée au sujet. N'existe qu'à travers un sujet aux capacités cognitives de représentation et d'abstraction. L'existence de la réalité subjective est en tant que phénomène une réalité objective, mais les représentations qui en découlent sont fictives.	Croyances partagées. N'existe que dans la mesure où un nombre suffisant d'individus partagent les mêmes croyances/ représentations et dont découlent des artefacts réels objectifs : pièces de monnaie, drapeaux, passeports, lieux de culte, terrains de football…

Nous avons postulé l'existence du réel en dehors de soi, le sujet. Mais soi, qu'est-ce que c'est? De quoi parle-t-on lorsqu'on parle du «soi»? Vous allez me répondre que cela va de soi, parler de soi, c'est parler de moi, de toi, de nous. Mais c'est quoi «moi», «toi», «nous»? Autrement dit, qui sommes-nous? Ou, plus précisément, que sommes-nous?

3

L'être humain : un objet, quatre angles de vue

Que sommes-nous ?

Cette question s'est posée, parfois imposée, à l'être humain depuis la nuit des temps. Les réponses ont fortement évolué au cours des siècles. Ce qui était sensé et évident hier semble farfelu aujourd'hui. De la même façon que la représentation que nous nous faisons de la Terre a évolué, allant de plate à sphérique, les représentations que nous nous faisons de l'être humain sont aujourd'hui bien différentes de celles de nos ancêtres lointains. Elles sont également multiples et diffèrent selon qu'elles émanent de philosophes, de religieux, de scientifiques, d'anthropologues, de psychologues, de sociologues, de politiques, ou même d'une discussion au comptoir d'un bistrot.

Je vous propose dans ce chapitre une approche pragmatique et globale pour répondre à la question « Que sommes-nous ? ». Je vous propose un modèle, une représentation qui, par nature, n'est pas réelle. Elle n'en décrit pas moins assez bien les contours et les éléments de réalité de ce qu'elle représente, ce qui va nous permettre d'avancer pas à pas dans ce livre sur des bases solides.

Cette approche s'inspire fortement du modèle que Ken Wilber décrit dans son livre *Une brève histoire de tout*[1] dont je vous recommande la lecture si vous souhaitez creuser la question.

De la même façon que pour voir un objet en trois dimensions il convient de tourner autour de celui-ci pour en cerner tous les contours et s'en faire une représentation globale, je vous propose quatre angles de vue pour se faire une idée détaillée de ce qu'est l'objet «être humain». Il conviendrait selon moi d'en rajouter un cinquième, au cœur, ou plutôt à la racine des quatre autres, celui qui décrit ce nous sommes dans notre essence profonde et que j'ai nommé «l'être essentiel» dans mon premier livre[2]. Mais c'est trop spéculatif pour que je le développe dans le cadre de cet ouvrage qui s'attache à définir les contours du réel et le lien que nous entretenons avec lui. Cela fera certainement l'objet d'une autre publication.

Un objet, quatre angles de vue

Considérons l'objet «être humain» que nous allons essayer de cerner et de décrire. Nous allons l'appréhender

1. Ken Wilber, *Une brève histoire de tout*, Mortagne, 1997.
2. Benoît Aymonier, *Lâcher prise, comment se reconnecter à soi-même*, *op. cit.*

en tant qu'individu, d'une part et élément constitutif d'un collectif, d'autre part. En effet, l'être humain est un animal sociable, hypersociable, même. Il est en contact, en interaction, influencé et construit par son environnement. Nous ne pouvons donc pas faire l'impasse de cet aspect dans le projet de décrire ce qu'est un être humain.

Nous allons par ailleurs le décrire tel qu'il est dans sa dimension extérieure objective et dans sa dimension intérieure subjective.

Ainsi pouvons-nous ébaucher une illustration avec 4 quadrants : individuel objectif, individuel subjectif, collectif interobjectif et collectif intersubjectif.

SCHÉMA 4 QUADRANTS

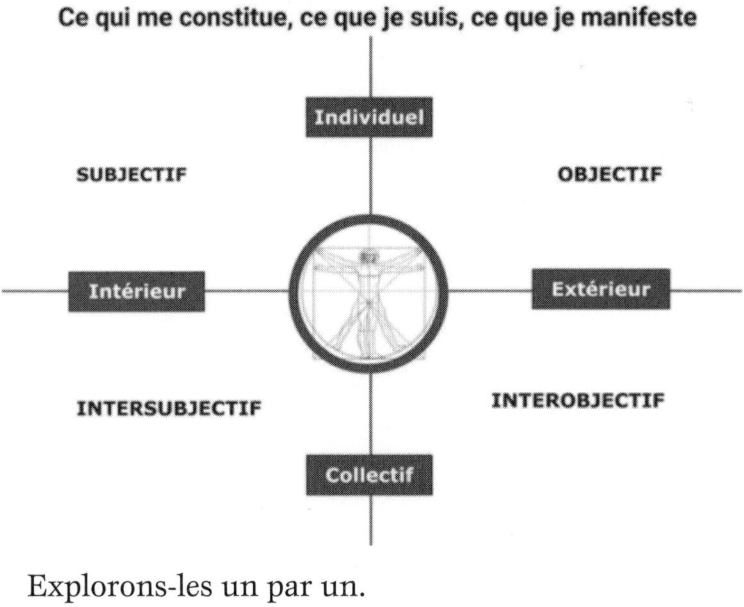

Explorons-les un par un.

Individuel objectif

Nous sommes de façon objective un être vivant, avec un corps, des membres, des organes, des cellules, un cerveau, des phénomènes biologiques, des réactions physiologiques, des comportements… toutes ces choses que l'on peut observer ou mettre en évidence et qui sont telles qu'elles sont, quelle que soit la personne qui les observe. Il s'agit de ce que nous sommes objectivement car cette réalité appartient à l'objet indépendamment du sujet qui l'observe.

Si notre cœur bat au rythme de 90 pulsations par minute, ce sera le cas quelle que soit la personne qui mesure notre rythme cardiaque. Ce sera toujours le cas même si personne ne mesure notre rythme cardiaque. C'est un élément de réalité objective de ce que nous sommes. Il en est de même pour notre taille, la couleur de nos yeux, notre code génétique, nos cicatrices, nos larmes si nous pleurons, nos paroles si nous parlons, nos comportements si nous bougeons, etc.

Individuel subjectif

Du point de vue individuel et intérieur, nous sommes nos sensations, nos émotions, nos pensées, les intentions que nous avons, nos constructions mentales, nos souvenirs, nos croyances, toutes les images que nous nous faisons du monde et de nous-même. Tout cela relève de la réalité subjective de l'individu, ce qu'il est à l'intérieur.

Illustrons la différence entre individuel objectif et individuel subjectif par un exemple.

Paul aime Marie, il se sent en joie, son cœur bat fort dans son thorax, il a les larmes aux yeux et souhaite le lui faire savoir. Il la prend dans ses bras et lui dit «Je t'aime».

Qu'est-ce qui relève de l'objectif et du subjectif, dans cet énoncé ?

Objectif :

– Paul prend Marie dans ses bras (comportement).

– Le cœur de Paul bat fort (phénomène physiologique).

– Paul a les larmes aux yeux (réaction physiologique).

– Paul dit «Je t'aime» (comportement).

Subjectif :

– Paul aime Marie (sentiment).

– Paul se sent en joie (émotion).

– Paul souhaite le lui faire savoir (intention).

Il y a bien sûr interconnexion entre les deux. C'est parce que Paul aime (sentiment subjectif) Marie qu'il lui dit «Je t'aime» (comportement objectif). Les deux sont liés, inséparables, tout comme Paul est indissociable de ce qu'il est objectivement et subjectivement.

Poussons l'exemple un peu plus loin afin d'illustrer une fois de plus ce qu'est la réalité subjective, la carte, et en quoi elle diffère de la réalité objective, le territoire.

Simon, qui observe la scène, voit ce que Paul manifeste objectivement. En revanche, il s'en fera lui-même une représentation subjective. Il verra la même chose que Marie (mis à part le fait qu'ils ne sont pas situés exactement au même endroit), mais il se fera une représentation différente, voire erronée, de ce que Paul vit subjectivement. Il pourrait par exemple interpréter le «Je t'aime» de Paul non pas comme la manifestation du sentiment d'amour que Paul ressent à cet instant mais comme une manœuvre manipulatoire pour obtenir une faveur de la part de Marie. Il pourrait aussi, à la vue des larmes aux yeux de Paul, en déduire que Paul est triste et qu'il dit «Je t'aime» à sa bien-aimée de peur de la perdre.

Ainsi, ce qui est objectif relève de l'objet, et ce qui est subjectif relève du sujet. Les réalités de Paul, Marie et Simon peuvent correspondre les unes avec les autres, les cartes peuvent se ressembler, mais elles sont immanquablement distinctes.

Nous avons tous grandi et évolué dans un ou plusieurs environnements socioculturels. Ils ont chacun contribué à notre construction en tant qu'individu, et nous avons également contribué à leurs transformations de façon plus ou moins visible et durable. De ce que nous laissons dans les toilettes chaque jour à la statue érigée en notre mémoire au cœur de notre village natal, notre présence dans le monde et dans notre environnement n'est pas neutre. Incontestablement, individus et environnements s'impactent mutuellement.

Par exemple, nous sommes nés et avons grandi dans une famille qui a considérablement influencé notre construction d'une part, et dont nous avons par notre seule présence modifié le nombre de ses membres d'autre part.

Si nous avons été éduqué dans une communauté dans laquelle une croyance (Dieu, le diable, les extraterrestres, l'homéopathie, la Terre plate, le Père Noël…) est érigée au rang de connaissance (ou d'escroquerie), celle-ci va contribuer à la construction de la représentation que nous nous faisons du monde, et conséquemment à nos comportements dans le monde. Et selon que nous adhérions ou que nous nous opposions à cette croyance collective, nous allons contribuer à la renforcer ou à l'affaiblir, voire à la faire disparaître. Que la croyance soit fondée sur le réel, raisonnable ou logique importe peu. Sa persistance dépend surtout du nombre de personnes qui la soutiennent.

L'exemple de la croyance en une Terre plate est pour cela spectaculaire. En effet, les croyants convoquent des arguments tirés de cultures aujourd'hui disparues (amérindiennes, indiennes et chinoises). Le géoterrapinism[1] – théorie d'une Terre plate juchée sur la carapace d'une tortue géante – est aujourd'hui soutenu par des millions de personnes.

1. https://www.nationalgeographic.fr/espace/non-la-terre-ne-repose-pas-sur-le-dos-dune-tortue-geante

Une personne informée des résultats scientifiques concluant que l'univers a au moins 13,7 milliards d'années et que l'homme y est apparu il y a 2 millions d'années sur la planète Terre ne se représente pas les choses de la même façon que quelqu'un qui pense que l'univers a 6 000 ans et que l'homme a été créé tel qu'il est aujourd'hui sur une Terre plate posée sur le dos d'une tortue. Notre environnement socioculturel influence la façon dont nous nous représentons les choses qui à son tour influence la façon dont nous nous comportons dans notre environnement socioculturel.

Voyons un peu plus en détail au niveau collectif ce qui contribue à la constitution d'éléments de réalité de ce que nous sommes.

Collectif interobjectif

Dans la dimension interobjective liée à notre environnement, nous interagissons et nous sommes construits par notre famille, le cadre social dans lequel nous avons grandi, les systèmes, les institutions, les communautés, les infrastructures :

- La famille : parents, grands-parents, oncles et tantes, fratries et cousins, enfants, neveux et nièces…

• Les systèmes au sein desquels nous avons vécu avec leurs institutions : administratives, judiciaires, éducationnelles, associatives, politiques…

• Les communautés avec lesquelles nous avons été en contact : associatives, académiques, nationalistes, claniques, tribales, linguistiques, politiques, scientifiques, religieuses, Internet…

• Les infrastructures avec leurs spécificités d'architecture, d'urbanisation et d'aménagement du territoire, de réseaux routier et de transports, de tissu économique, industriel et commercial…

Un individu ne se construit pas de la même façon selon qu'il grandisse et qu'il vive en Chine, en Australie, en France, au Pérou, au Sénégal, en Tunisie, au Danemark, au Canada, en Amazonie ou au Groenland. Par ailleurs, être natif du pays dans lequel on grandit ne sera pas vécu de la même façon que si l'on y est immigré, réfugié ou clandestin.

Collectif intersubjectif

Dans la dimension collective intérieure, c'est-à-dire dans la dimension intersubjective de l'être humain, nous sommes en adhésion ou en opposition avec la culture, les valeurs, la morale, les traditions, les croyances, les superstitions, les religions…

Il convient de souligner que la plupart des choses qui gouvernent notre vie de tous les jours reposent sur nos croyances collectives dont nombre d'artefacts découlent et n'existent que parce que nos croyances collectives existent.

Quand vous faites vos courses et que vous payez vos achats avec de l'argent, si le billet ou la pièce de monnaie sont objectivement bien réels, la valeur qui leur est conférée n'existe que parce que, aussi bien vous que le commerçant, vous croyez et avez confiance dans le fait que vous pouvez échanger ce morceau de papier ou de métal contre des biens ou des services.

À la boulangerie, par exemple, l'échange d'une pièce de monnaie contre une baguette de pain ne peut se faire que parce que la boulangère va pouvoir échanger cette même pièce de monnaie contre des tomates ou du papier toilette.

Ainsi, la part subjective de notre existence occupe-t-elle une place prépondérante dans la façon dont nous vivons notre vie (nous verrons plus tard que cela va même au-delà). En fait, nous vivons principalement dans un monde imaginaire que nous considérons comme réel. Si une multitude d'objets du quotidien sont une réalité objective, ils ne doivent leur existence et ne sont utiles que parce qu'ils sont l'émanation de croyances partagées.

Les drapeaux, les passeports ou les postes-frontières n'existeraient pas sans le concept de nation. Les mairies n'existeraient pas sans l'existence intersubjective des communes. Les panneaux de circulation n'existeraient pas sans le Code de la route qui lui-même n'existe que de façon abstraite dans le monde des représentations. La règle qui dit qu'on doit rouler du côté droit de la route n'existe pas objectivement. Elle ne répond pas à un processus physique réel objectif à l'instar de la gravitation qui nous fera immanquablement tomber vers le sol si nous sautons du toit d'un bâtiment. Elle n'existe que dans la tête des gens, et c'est parce qu'elle est connue, partagée et acceptée par tous que l'on roule du côté droit… dans les pays où telle est la règle. On roulera du côté gauche en Grande-Bretagne, au Japon, en Australie, à Hong Kong… partout où la règle dit que c'est du côté gauche de la route qu'il faut rouler.

Voici une liste non exhaustive des artefacts bien réels et matériels qui découlent de nos croyances collectives, de notre réalité intersubective :

Croyances intersubjectives	**Artefacts objectifs**
Code de la route	Panneaux et feux de signalisation, marquages au sol, police de la circulation, contraventions…
Lois	Palais de justice, robes des juges et des avocats, Assemblée nationale, système judiciaire, livres de lois…
Monnaie	Billets, pièces, cartes de paiement, système bancaire, institutions financières…
Pays – Nations	Drapeaux, passeports, frontières, douanes, armées nationales, gouvernements…
SARL – SA… dites personnes morales	Statuts, extraits de registre du commerce, logos, bourses, chambres de commerce, tribunaux de commerce…
Croyances religieuses, dogmes	Églises, temples, mosquées, synagogues, livres et textes sacrés, congrégations, communautés, rites, sacrifices…
Marques commerciales	Logos, clubs de fans, égéries…
Règles de jeux sportifs	Stades, accessoires (ballons, balles, raquettes, filets, battes, équipements…), clubs sportifs, communautés de supporters…
Traditions	Comportements, vêtements, communautés, protocoles, rites…

C'est grâce à nos croyances collectives que nous avons pu, en tant qu'espèce, vivre ensemble et collaborer les uns avec les autres à un niveau inégalé par aucun autre mammifère sur Terre. Nos comportements, bien réels, découlent de nos représentations et de nos croyances totalement fictives… pour le meilleur… et pour le pire.

4 quadrants interconnectés

De la même façon qu'il y a interconnexion entre subjectif et objectif – c'est parce que Paul aime Marie (sentiment subjectif) que Paul lui dit «Je t'aime» (comportement objectif) –, il y a interconnexion et inséparabilité entre interobjectif et intersubjectif. C'est parce qu'il y a des croyances collectives intersubjectives qu'existent des artefacts objectifs. C'est parce qu'il y a des croyances religieuses qu'il existe des lieux de culte, des congrégations, des communautés. C'est parce qu'il y a des croyances collectives sur des nations qu'existent des passeports, des frontières, des postes de douane.

Et il va sans dire que le collectif n'existerait pas s'il n'y avait pas des individus pour le constituer.

Le schéma du début de chapitre se présente donc de la façon suivante :

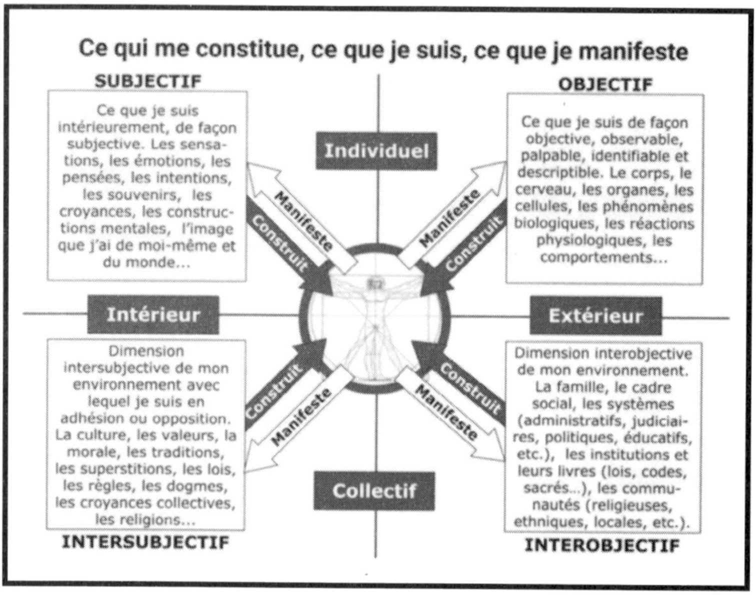

Ainsi, ces quatre quadrants sont-ils interconnectés, imbriqués, intriqués, les uns n'existant pas sans les autres. En fait, répondre à la question « Que sommes-nous ? » nous amène à nous considérer dans cette globalité. On peut bien sûr mettre le focus sur un des quadrants, mais nous ne pouvons pas généraliser les réponses trouvées dans un quadrant à l'ensemble de l'être humain, ou plutôt, nous ne pouvons pas réduire, aplatir l'être humain à une seule de ces dimensions.

Nous avons fait la distinction entre le réel objectif, qui relève de l'objet, et la réalité subjective inhérente au sujet. Nous avons postulé l'existence du réel en dehors de soi, indépendamment de la capacité d'en avoir une conscience sensible et cognitive, indépendamment d'un sujet.

Se pose alors la question de la nature du lien entre l'objet et le sujet, entre le monde et l'être humain (je me cantonne à l'être humain mais nous pourrions élargir la réflexion à tout ce qui vit et qui, *a priori*, est en interaction sensible avec le monde).

Comment l'être humain, sujet sensible et pensant doté de capacités cognitives de représentation et d'abstraction, est-il en lien avec le monde ?

Autrement dit, quel lien avons-nous avec le réel ?

4

Tout n'est-il qu'illusion?

«Nos sens nous trompent-ils?»

Telle fut la question posée par l'astrophysicien Roland Lehoucq en introduction de sa conférence de la fête de la Science 2018.

Il poursuivit :

«C'est une question extrêmement importante pour un scientifique qui pourrait dire : "J'ai vu une chose, j'ai fait une observation, donc parce que je l'ai vu, c'est vrai." En fait, "parce que je l'ai vu, c'est vrai" est une phrase dont il faut se méfier. Par exemple, les trompe-l'œil nous montrent quelque chose qui n'existe pas. Les illusions nous permettent de comprendre, de mettre en évidence que non seulement nos yeux mais aussi notre cerveau peuvent être pris en défaut.»

Mais alors, comment cela fonctionne-t-il?

Le cerveau est aveugle et sourd

La première chose qu'il nous faut savoir, et que nous savons aujourd'hui grâce aux progrès de la science, c'est que le cerveau est aveugle et sourd. En effet, il n'entend pas de son et ne voit pas de lumière.

Quand nous entendons le chant d'un oiseau, le clapotis de la pluie qui tombe sur le toit, une musique, le bruit d'une voiture ou d'un avion, que se passe-t-il exactement ?

Lorsqu'un événement se manifeste dans notre environnement, il advient un phénomène physique : la production de vibrations qui se propagent dans l'air. Lorsqu'elles atteignent nos oreilles, les vibrations sont alors traitées par notre système auditif qui les convertit en signal électrochimique. Les signaux sont transmis par le nerf auditif au cerveau qui interprète le son perçu et produit une image (représentation) sonore.

Les sons sont des phénomènes physiques absolument neutres. Ce ne sont pas des notes, des chants ou des bruits, ce sont des vibrations avec des propriétés spécifiques qui vont être interprétées par notre cerveau comme une note, un chant ou du bruit.

Par exemple, à l'octave 2 une vibration de 130.81 hertz sera interprétée comme un *do* alors que 155.6 hertz le sera comme un *ré* et 220 comme un *la*. C'est notre sensibilité, nos capacités de représentation et de langage qui nous permettent de créer une image sonore et d'étiqueter une stimulation sensorielle comme une note de musique plutôt qu'une autre. Le son en tant que son n'est que phénomène physique objectif dont nous nous faisons une représentation subjective.

Il en est de même pour ce que nous voyons, touchons, goûtons, sentons…, percevons à travers nos sens. De la même façon que les sons n'ont pas de tonalité, les objets n'ont pas de couleur. Le cahier bleu situé à l'instant devant moi m'apparaît bleu parce que la lumière réfléchie par le cahier ne renvoie que des rayons lumineux de longueurs d'onde comprises entre 466 et 490 nanomètres (un millionième de millimètre) et qu'elles sont interprétées par moi comme étant de couleur bleue. Je précise bien par moi car un daltonien bleu – personne dont les cônes[1] qui détectent le bleu sont défectueux – les verra grises. Les photons n'ont pas de couleur, c'est notre cerveau qui fait une interprétation de ce que nous percevons et produit des images (représentations) visuelles en couleurs.

Selon le neuroscientifique Anil Seth, notre cerveau hallucine notre réalité consciente. Je le cite :

« Notre expérience consciente du monde qui nous entoure et de nous-même en son sein, sont des sortes d'hallucinations contrôlées qui surviennent avec,

---

1. Les cônes sont des photorécepteurs situés dans la rétine, transformant le signal électromagnétique de la lumière en signal nerveux permettant la vision colorimétrique (source Wikipédia).

à travers, et grâce à nos corps vivants. [...] Le cerveau est une machine à deviner, à produire des prédictions.

« Imaginez être un cerveau. Vous êtes enfermé dans un crâne à essayer de comprendre ce qui se passe dehors. Il n'y a ni son ni lumière à l'intérieur du crâne. Tout ce dont vous disposez sont des impulsions électriques qui ne sont qu'indirectement reliées aux choses du monde, quelles qu'elles soient.

« La perception – déchiffrer ce qui est là – relève sûrement d'un processus du cerveau qui combine ces signaux sensoriels avec ses attentes ou croyances antérieures sur l'ordre du monde, ceci afin de former la meilleure hypothèse sur la cause de ces signaux. Le cerveau n'entend pas de son et ne voit pas de lumière. Notre perception est sa meilleure hypothèse sur ce qui se passe dans le monde[1]. »

Un monde d'illusions

Pour illustrer, et même démontrer, ce phénomène, je vous propose de passer en revue quelques illusions spectaculaires qui, j'espère, ne manqueront pas de vous convaincre que votre cerveau ne voit pas ce qui est mais l'interprète et s'en fait une représentation correspondant plus ou moins à la réalité.

1. Anil Seth, conférence « Your brain hallucinates your conscious reality », https://youtu.be : lyu7v7nWzfo

L'échiquier d'Adelson

Sur les images ci-dessous, observez les cases A et B de la figure de gauche. Elles vous apparaissent de couleurs différentes. A semble avoir une teinte plus foncée que B. Alors qu'en réalité, comme vous pouvez le constater sur la figure de droite, A et B sont exactement de la même couleur. Ce sont strictement les mêmes dessins, A et B sont de la même couleur, vous le voyez sans le moindre doute sur la figure de droite, et pourtant… vous continuez à voir A plus foncé que B à gauche. Incroyable non ? Mais vrai ! (Si vous êtes assez vieux, je suis sûr que vous avez pensé à l'émission de Jacques Martin !)

Plusieurs facteurs expliquent ce phénomène. Il y a entre autres le fait que le cerveau interprète la région sombre à gauche du cylindre comme étant une zone d'ombre créée par celui-ci. En effet, le cylindre étant plus clair du côté droit, le cerveau en suppose la présence d'une source lumineuse située à droite du cylindre. Le cerveau « sachant » que ce qui est dans l'ombre paraît plus foncé, il réajuste la teinte pour la faire correspondre à ce qui pour lui est la meilleure hypothèse de représentation de l'échiquier qu'il sait être l'alternance de carrés sombres et clairs. Il produit ainsi une représentation qui pour lui a globalement du sens mais qui ne correspond pas à la réalité.

Cette illusion illustre bien les propriétés prédictives de notre cerveau telles qu'exposées par Anil Seth précédemment.

Notre cerveau nous joue des tours, et le premier des tours qu'il nous joue est de nous faire percevoir autre chose que ce que nous voyons. Il nous construit une carte qui nous aide à évoluer dans le territoire, mais qui ne correspond pas au territoire.

Cette illusion d'optique prouve à elle seule que nous ne percevons pas le monde tel qu'il est réellement.

Notre cerveau nous joue des tours, et le premier des tours qu'il nous joue, c'est de nous faire percevoir autre chose que ce que nous voyons.

Jeune ou vieille femme ?

Vous avez certainement déjà vu cette image ambiguë dans laquelle on peut à la fois voir une jeune femme et une vieille femme. Lorsqu'on la montre à une assemblée, immanquablement, une partie voit la jeune, et une autre partie voit la vieille. Tous regardent la même image, mais tous ne voient pas la même chose. Que se passe-t-il ?

Si vous n'êtes pas familier avec cette image, voici quelques indices pour identifier la jeune et la vieille femme : le menton de la jeune correspond au nez de la vieille, l'œil de la vieille correspond à l'oreille de la jeune, le collier de la jeune correspond à la bouche de la vieille…

Lorsque nous faisons face à une situation ambiguë, notre cerveau va automatiquement chercher à réduire l'ambiguïté. Il va le faire, entre autres, à partir de ses *a priori*.

Notre cerveau va réduire l'ambiguïté de ce qu'il perçoit pour que cela ait un sens pour lui. Les facteurs qui nous font voir la jeune plutôt que la vieille sont multiples, et je ne vais pas entrer dans les détails. L'intérêt de cette image est qu'elle nous montre que l'on ne perçoit pas le monde tel qu'il est mais plutôt tel que nous sommes.

Nous ne percevons pas le monde tel qu'il est, nous le percevons tel que nous sommes.

En conséquence, la façon dont on perçoit les choses nous parle de nous-même. Nous allons y revenir.

L'illusion de Müller-Lyer

Des trois segments ci-dessous, quel est le plus grand ?

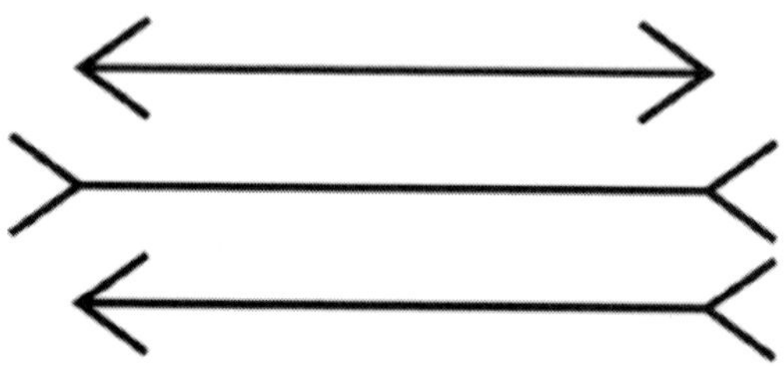

Vous avez probablement désigné celui du milieu parce que vous le voyez plus grand. Et pourtant, prenez une règle et mesurez les segments, vous verrez qu'ils sont exactement de la même taille.

Notre cerveau nous joue des tours !

L'illusion d'Ebbinghaus

Des deux ronds situés au centre de chacune des images ci-dessous, quel est le plus grand ?

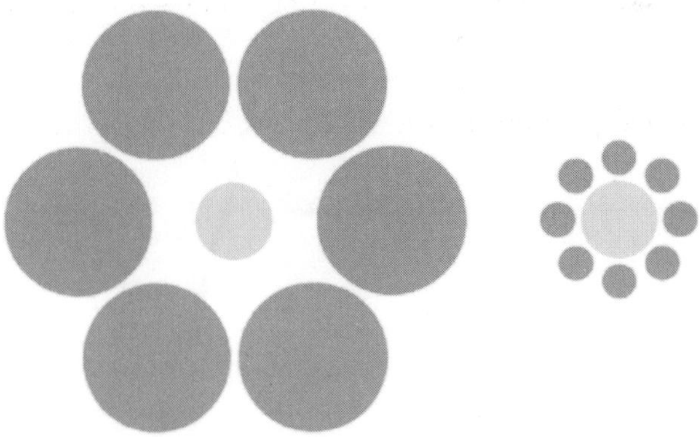

Vous avez certainement répondu celui de droite, et là encore vous vous êtes trompé, votre cerveau vous a illusionné. La règle qui vous a permis de mesurer les segments de l'illusion précédente vous montrera que les deux ronds sont exactement de même taille.

Notre cerveau nous joue encore des tours !

L'illusion de Ponzo

De ces deux segments gras horizontaux, quel est le plus grand ?

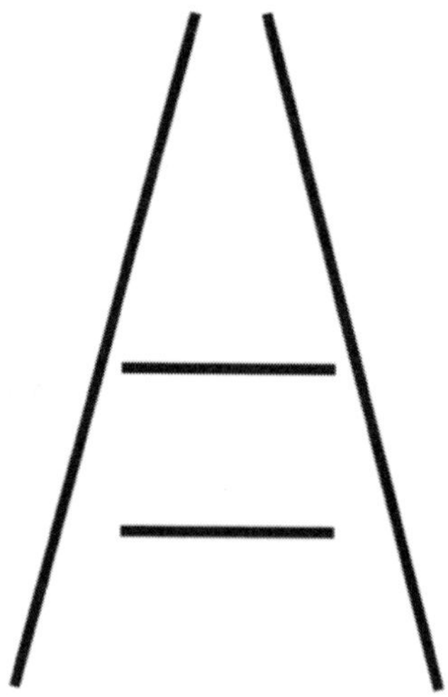

Eh bien, contrairement à ce que vous avez probablement répondu, aucun puisqu'ils sont tous les deux rigoureusement de la même taille. Le contexte suggérant une perspective entraîne une illusion de grandeur. Tout comme la couleur des cases de l'échiquier d'Adelson, le cerveau nous fait voir autre chose que ce qui est, et même après les avoir mesurés, sachant donc qu'ils sont de même longueur, nous continuons à les percevoir de différente taille.

Notre cerveau nous joue toujours des tours !

Notre cerveau bouche les trous...

Voyez-vous le triangle blanc ?

Oui ?

Eh bien, vous voyez quelque chose qui n'existe pas. Aucun triangle blanc n'est dessiné dans cette image. Notre cerveau bouche les trous et nous fait voir ce qui pour lui fait sens.

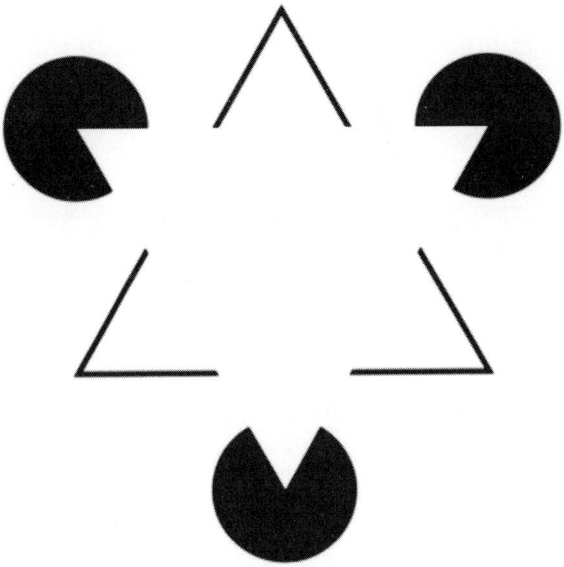

Motif de Kanizsa

Pensez à toutes les fois où vous avez automatiquement supposé quelque chose sans réellement savoir si c'était réel ou pas. Quand vous étiez certain que votre collègue a fait quelque chose exprès pour vous embêter, que votre partenaire absent l'était pour faire une course alors qu'il était dans le garage, que vous étiez la cause de la contrariété que vous avez perçue dans le comportement d'un proche alors que celui-ci l'était pour une tout autre raison.

Nous ne percevons pas le monde tel qu'il est, nous le percevons tel que nous sommes, et notre cerveau bouche les trous.

Non seulement notre cerveau bouche les trous, il nous raconte des histoires, mais en plus, il réécrit l'histoire, il invente des faux souvenirs.

… et crée de faux souvenirs

Je vous invite à prendre connaissance des travaux d'Elizabeth Loftus[1], psychologue cognitiviste américaine, spécialiste de la mémoire dont elle a démontré la malléabilité.

En effet, notre mémoire, sous l'influence de multiples facteurs, est à géométrie variable, allant même jusqu'à la création de souvenirs de choses ou d'événements n'ayant pas existé, c'est-à-dire de « faux souvenirs ».

1. Voir « Les inventions de la mémoire » – Conférence TED d'Elizabeth Loftus https://youtu.be/PB2OegI6wvI

Dans ses expériences, elle demande à des sujets de visionner des vidéos ou des photos d'événements variés, telle la photo d'un accident de la circulation. Elle pose ensuite des questions aux sujets pour explorer leurs souvenirs des faits observés. Ainsi, elle a mis en évidence de nombreuses erreurs dans les témoignages, provoquées par la manière dont les questions sont posées. Un exemple typique est de demander aux sujets de quelle couleur était la camionnette stationnée derrière la scène (or la camionnette n'a jamais existé). De nombreux sujets sont influencés par cette question et pensent alors avoir vu une camionnette. Ses découvertes ont eu des conséquences appliquées sur les techniques d'interrogation de témoins dans les affaires judiciaires[1].

Il n'est pas fréquent d'avoir des éléments de preuves qui attestent de nos affabulations. Vingt-cinq ans après les faits, lors d'un grand rangement de mes placards, je retrouve les lettres que ma femme m'avait envoyées en 1989 lorsque j'étais coopérant en Chine. Dans une de ces lettres, elle s'excusait de ne pas m'avoir informé de sa grossesse et de l'avortement qu'elle avait fait en janvier cette année-là. Alors que, dans nos souvenirs, elle m'en avait parlé. C'était quelques semaines avant que je ne parte pour dix-huit mois faire mon service militaire en tant que coopérant à Pékin. Nous en avions parlé et étions tous deux d'accord pour ne pas garder l'enfant.

1. https://fr.wikipedia.org/wiki/Faux_souvenirs

Lorsqu'en 2014 elle relit les lettres qu'elle m'a envoyées, elle voit que la réalité de l'époque est différente de celle de nos souvenirs. Elle se savait enceinte en décembre, ne me l'a pas dit, a avorté début janvier, puis m'a demandé mon avis fin janvier avant que je ne parte en Chine, me posant la question de garder l'enfant ou pas alors qu'elle avait déjà avorté.

De mon côté, j'ai reçu cette lettre de 1989 où elle disait ce qui s'était passé. Et pourtant, je n'ai gardé souvenir que de la première version. Nous avons tous les deux gardé de faux souvenirs de ce qu'il s'était réellement passé.

Notre cerveau nous joue des tours, fait les arrangements qui lui vont bien sans se soucier de ce qui est vrai ou faux. Allez voir les travaux de Loftus, vous verrez que les conséquences de faux souvenirs de victimes furent très lourdes pour certains qui ont passé des années derrière les barreaux d'une prison, voire qui sont passés sur la chaise électrique, alors qu'ils étaient innocents.

Notre cerveau ne se soucie pas de ce qui est vrai ou faux. Il produit des représentations qui font sens, il bouche les trous au point de parfois nous faire voir des choses qui n'existent pas et de créer de faux souvenirs.

Décryptage visuel

Notre cerveau construit les images de ce qu'il perçoit à partir de ce qu'il a déjà vu. Pour vous en convaincre, je vous invite à voir les travaux du docteur Lisa Feldman Barrett, psychologue et neuroscientifique canadienne.

Dans une de ses conférences, elle présente à l'assistance une image constituée de tâches noires et blanches, ne présentant aucune forme distinguable. Comme si l'assistance était aveugle. Puis elle montre la photo à partir de laquelle l'image noir et blanc a été produite, un serpent jaune et noir, et miracle ! L'assistance sort de sa cécité et se met à voir le serpent dans l'image noir et blanc qui lui est à nouveau présentée[1].

Nous construisons des images de ce que nous percevons avec nos sens à partir des images et autres informations dont nous disposons dans notre mémoire.

Décryptage sonore

De la même façon que nous sommes plus à même de décrypter des images ambiguës que nous avons déjà vues, nous décryptons plus facilement les sons que nous avons déjà entendus. Vous en avez une démonstration

1. Pour voir l'extrait de la conférence TED de Lisa, rendez-vous sur : https://youtu.be/0gks6ceq4eQ?t=260

dans la conférence d'Anil Seth dont voici à nouveau le lien YouTube mais calé au moment où la démonstration commence :

Extrait de conférence d'Anil Seth :
https://youtu.be/lyu7v7nWzfo?t=365

Vous en avez probablement vous-même fait l'expérience, surtout si vous avez voyagé à l'étranger. Dans une foule de gare ou d'aéroport, on entend un brouhaha, une multitude de sons, de voix, de bruits, indistinctement, sauf si une personne se met à parler une langue qui nous est familière. Tout à coup, dans le brouhaha émerge quelque chose d'intelligible.

Quand je suis arrivé en Chine en 1988 pour faire mon projet de fin d'étude d'ingénieur Arts et Métiers, malgré les six mois pendant lesquels j'ai suivi des cours intensifs de mandarin, je ne comprenais absolument rien. Tout ce que j'entendais n'était qu'un amas de sons que j'étais incapable de distinguer les uns des autres. Ce n'est que plusieurs semaines plus tard, en étudiant assidûment la langue, que j'ai commencé à reconnaître telle ou telle syllabe, à différencier ceux que je connaissais des autres. C'est à partir de ce moment-là que j'ai commencé à progresser à vitesse grand V. J'avais emmagasiné suffisamment de sons pour les reconnaître. Mes oreilles entendaient la même chose que le premier jour où je suis arrivé à Pékin, mais mon cerveau était beaucoup mieux équipé pour décrypter les stimuli sensoriels transmis par mes nerfs auditifs.

Nous pourrions continuer pendant longtemps à passer en revue toutes les illusions de toutes sortes. Ce qu'elles nous montrent, et même démontrent, c'est que nous sommes en lien avec le monde qui nous entoure à travers les représentations que nous nous en faisons, et que ces représentations ne sont pas la réalité, ne sont pas réelles. Elles représentent le réel, elles constituent notre réalité subjective, mais elles ne sont pas le réel objectif.

Je suis en lien avec le réel objectif,
la réalité du monde et de moi-même,
à travers les représentations subjectives
que je me fais du monde et de moi-même
...
représentations qui ne sont pas réelles[1] !!!

Un cerveau efficace mais de travers

Notre cerveau est extrêmement complexe. Constitué de 86 milliards de neurones, d'un million de milliards de connexions, nous sommes obligés de simplifier pour comprendre le monde. Pour cela, le cerveau fonctionne avec ce que l'on appelle des heuristiques, des raccourcis cognitifs, très rapides, très efficaces, qui marchent très bien la plupart du temps, mais pas toujours. Par exemple, très souvent, les corrélations nous permettent d'identifier des causes, mais parfois, elles nous induisent

1. Qui ne sont pas le réel qu'elles représentent...

lourdement en erreur. Il peut y avoir une corrélation entre la présence de grenouilles et la pluie, et pourtant, ce n'est pas pour cela qu'il a plu des grenouilles.

Ces heuristiques sont aussi appelées biais cognitifs lorsqu'elles produisent des résultats qui dévient de la vérité, lorsqu'elles aboutissent à des conclusions erronées, trompeuses, fausses. Autrement dit, lorsqu'elles produisent des représentations qui « dé-coïncident » du réel, une carte qui ne correspond pas au territoire qu'elle décrit.

Pour illustrer et bien vous faire sentir ce qu'est une heuristique, je vous propose de faire l'exercice suivant. Dans un premier temps, dites à voix haute tous les mots que vous lisez ci-dessous et observez la fluidité avec laquelle vous arrivez à le faire.

noir	**gris**	**gris foncé**
blanc	**gris clair**	**noir**
gris	**gris foncé**	**gris clair**
gris clair	**blanc**	**gris**
gris foncé	**noir**	**blanc**

Dans un second temps, dites toujours à voix haute, non pas les mots que vous lisez, mais la couleur de la police de caractère de chaque mot. Vous devez donc pour le mot inscrit en haut à gauche dire blanc même s'il est écrit noir, puis noir pour le suivant, gris clair pour le troisième, et ainsi de suite.

Pas si facile, n'est-ce pas ? Que se passe-t-il ?

D'après Daniel Kahneman[1], prix Nobel d'économie en 2002, le cerveau fonctionne selon deux systèmes distincts et complémentaires. Un système 1 heuristique (rapide, instinctif et émotionnel), et un système 2 algorithmique (plus lent, plus réfléchi et plus logique). Pour lire les mots, c'est le système 1 qui s'active. Cela ne demande aucune réflexion, c'est très rapide. Pour nommer la couleur de la police de caractères utilisée pour écrire les mots, cela nécessite non seulement de verbaliser la couleur perçue, mais en plus d'inhiber le système 1.

Pour Olivier Houdé[2], psychologue chercheur en neurosciences cognitives, il existe un troisième système inhibiteur que nous pouvons entraîner pour permettre au système 2 de prendre le dessus et produire ainsi des cartes qui coïncident un peu plus avec le territoire.

1. Daniel Kahneman, *Système 1/Système 2. Les deux vitesses de la pensée*, Flammarion, 2012.
2. Olivier Houdé, *Apprendre à résister*, Le Pommier, 2014.

La combinaison de ces systèmes nous permet de produire, de la façon la plus efficace possible, des représentations plus ou moins fiables. Parfois, l'efficacité s'obtient au détriment de la fiabilité, et nos représentations se trouvent décalées de la réalité. Comme si nous avions visé une cible de façon biaisée. On parle de biais cognitifs.

Les principaux biais cognitifs

Nos biais sont très nombreux. Ils peuvent être de jugement, de raisonnement, sensori-moteurs, attentionnels, mnésiques… Il serait trop long de tous les passer en revue ici. Je vous propose d'en détailler quelques-uns seulement, mais je ne saurais trop vous recommander d'étudier la question, car le simple fait d'en connaître l'existence peut vous prémunir de tomber dans certains pièges, et donc vous éviter de vous retrouver dans des situations embarrassantes. On ne peut pas s'en défaire. Ils sont inhérents à notre fonctionnement humain. De la même façon que notre corps ou l'ego (image et conception que nous avons de nous-même) font partie intégrante et sont indissociables de ce que nous sommes, les biais cognitifs sont inhérents au fait d'avoir un cerveau et ne peuvent pas être éliminés… à moins d'enlever le cerveau, ce qui, vous en conviendrez, est une solution un peu trop radicale qui reviendrait à jeter le bébé avec l'eau du bain.

Le biais d'attribution

On parle de biais d'attribution lorsque l'on attribue, à tort, une cause à un effet : faire la confusion entre cause interne et cause externe, attribuer des intentions hostiles aux autres, ou encore avoir tendance à s'attribuer la paternité de ses succès mais pas de ses échecs. On parle de biais d'attribution causale, de biais d'attribution hostile, et de biais d'autocomplaisance.

Par exemple, une personne coupe la file d'attente dans laquelle nous attendons notre tour au guichet de la poste. Nous pensons qu'il est malpoli (cause interne à l'individu) alors que, en fait, le guichetier lui ayant demandé de fournir un document manquant l'a invité à se le procurer et à revenir le voir sans refaire la queue (cause externe).

Nous croisons un automobiliste dans un virage qui non seulement a failli nous rentrer dedans, mais qui en plus nous a crié « porc » par la fenêtre. Nous attribuons ce comportement à ses piètres compétences de conducteur et à son manque de civisme… jusqu'au moment où nous nous retrouvons nez à nez avec un cochon au beau milieu de la route.

Une personne nous bouscule sur le quai du métro et manque de nous faire tomber sur la voie. Furieux, nous nous retournons et sommes prêt à en découdre avec ce malotru. Notre colère se transforme en compassion lorsque nous constatons que le « malotru » est un aveugle avec une canne blanche.

Il convient donc de se méfier des conclusions hâtives que nous pouvons tirer sur les situations ou les personnes que nous rencontrons.

Le biais de confirmation

C'est un biais particulièrement fréquent et puissant qui nous pousse à valider nos opinions auprès des instances qui les confirment, et à rejeter d'emblée les instances qui les réfutent. Autrement dit, nous allons préférer les éléments qui vont dans le sens de nos croyances plutôt que ceux qui les infirment. Cela requiert de faire un effort pour accueillir et étudier les avis contraires. C'est parfois inaccessible lorsque nos croyances nous rendent aveugles à ce qui les remet trop radicalement en question.

J'ai été fortement sous l'emprise de ce biais lorsque j'étais dans la secte dont je vous ai parlé en introduction de ce livre. La sélection des informations que j'acceptais de considérer et les pirouettes intellectuelles que j'arrivais à faire avec celles qui étaient trop dérangeantes m'ont permis de rester dans une illusion complètement hors-sol, de confirmer une croyance que je considérais comme étant la vérité, mais qui reposait sur des mensonges et des incohérences qui me sautent aux yeux aujourd'hui.

Plus nous sommes identifiés à nos croyances, plus nous faisons reposer notre valeur, notre place dans le monde, voire notre existence sur la représentation que nous nous faisons du monde et de nous-même en son sein, plus nous sommes attachés à ces croyances. C'est un attachement quasi viscéral que le biais de confirmation protège et renforce en sélectionnant les informations d'une part, et en les interprétant d'autre part.

La mouvance complotiste grandissante bénéficie de ce phénomène, au point de promouvoir des réalités alternatives qui remettent en question un corpus de connaissances ou des faits historiques solidement établis, comme le fait que la Terre est ronde, que l'homme a marché sur la Lune ou que les vaccins fonctionnent bel et bien. L'accès à une abondance d'informations et l'entre-soi favorisé par les réseaux sociaux font que non seulement nous sommes abreuvés d'informations qui nous confortent dans nos croyances, mais que nous participons également à les diffuser encore plus largement.

N'échanger qu'avec des personnes partageant notre vision du monde nous expose à rester cloîtrés dans le château fort de nos convictions. En sortir est très difficile. Le réel étant ce qu'il est, indépendamment de notre façon de nous le représenter, ce sont les confrontations avec celui-ci qui viennent ébranler plus ou moins violemment la structure de ce château fort, voire, comme ce fut le cas pour moi, le faire s'écrouler totalement.

Développer une pensée critique, ou plutôt une pensée méthodique, et collaborer avec d'autres personnes pour confronter nos points de vue permet de réduire les risques d'effets délétères de tous les biais en général et du biais de confirmation en particulier.

L'effet Dunning-Kruger

En 1995, persuadé d'être invisible aux caméras grâce au jus de citron dont il s'était enduit, un individu a cambriolé deux banques à visage découvert. Intrigués par l'assurance de celui-ci quant à l'effet du jus de citron de type encre sympathique, les psychologues David Dunning et Justin Kruger essayèrent de comprendre les raisons d'un tel comportement.

Leurs recherches aboutirent à la mise en évidence du phénomène qui porte aujourd'hui leurs noms et qui peut se résumer ainsi : les moins qualifiés ont tendance à surestimer leurs compétences, et les plus qualifiés à les sous-estimer.

On a pu observer dans les médias une recrudescence de cet effet pendant la pandémie de SARS-CoV-2 en 2020. Nombreux furent les intervenants parfaitement incompétents à prendre position de façon tranchée, comme s'ils avaient la science infuse. Un effet délétère de ce biais est l'illusion de connaissance qui est plus dangereuse que l'ignorance (voir p. 17 de l'Introduction).

L'effet Barnum

L'effet Barnum décrit la propension à accepter une vague description de la personnalité comme s'appliquant spécifiquement à soi-même. Après avoir soumis ses étudiants à un test de personnalité, le psychologue Bertram Forer leur demande d'évaluer la pertinence du résultat sur une échelle de 0 (médiocre) à 5 (excellent). La moyenne des évaluations a été de 4,26. Les étudiants ont donc évalué leur résultat comme particulièrement pertinent. Sauf que chaque étudiant a reçu le même texte (oui, oui, exactement le même texte) construit à partir d'un recueil d'horoscopes. Cet effet fait la fortune des pseudo-voyants, astrologues et autres diseurs ou diseuses de bonne aventure.

Le biais du survivant

Le biais du survivant est une forme de biais de sélection consistant à tirer des conclusions sur la seule base d'occurrences de succès mais qui sont des exceptions statistiques.

L'étude des dommages causés par le feu ennemi sur les bombardiers de retour de mission pendant la Seconde Guerre mondiale a incité les militaires britanniques à renforcer les zones de l'appareil présentant le plus d'impacts. Ce qui est exactement le contraire de ce qu'il fallait faire car ce sont les impacts des avions qui ne sont pas revenus à la base qu'il aurait fallu étudier et prendre en compte. Abraham Wald, statisticien américain d'origine austro-hongroise, a recommandé de renforcer les parties les moins touchées, ce qui a eu pour effet d'augmenter le taux de retour des appareils.

L'illusion des séries

L'illusion des séries consiste à voir des coïncidences dans des données issues du hasard. Cela nous pousse à tirer des conclusions et à prendre de mauvaises décisions. L'exemple le plus connu de cette illusion est l'erreur dite du parieur qui pense que plus une pièce est tombée sur face, plus elle a de chance de tomber sur le côté pile. Or, la probabilité de chaque lancer est toujours de 50 %. La proportion sur de grandes séries va tendre vers 50 %, mais chaque lancer de pièce se fait indépendamment du résultat des précédents lancers. Ce n'est pas parce que la pièce est tombée cinq fois sur pile qu'elle a plus de chance de tomber sur face la sixième fois. Certains en ont fait les frais, se ruinant au casino avec des martingales[1] efficaces en théorie, mais pas en pratique.

Biais des coûts irrécupérables

Ce biais consiste à prendre en compte les coûts déjà engagés dans un projet pour décider de la suite à lui donner. Or, ce qui a déjà été payé est irrécupérable. Ce qui a d'ores et déjà été dépensé ne devrait donc pas

1. Une martingale est une stratégie de mises, aux jeux de hasard, qui tient compte des coups précédents.

être pris en considération dans la décision de la suite à donner au projet. Et pourtant…

Par exemple, si vous êtes en train de vous ennuyer en regardant un film au cinéma, sous l'emprise de ce biais, vous allez rester jusqu'à la fin du film pour ne pas perdre ce que vous a coûté le billet. De l'argent investi pour vous distraire et passer un bon moment, mais que vous gâchez en vous imposant de vous ennuyer plutôt que de sortir et faire quelque chose de plus satisfaisant.

Ce biais peut nous faire dépenser toujours plus pour rentabiliser les investissements passés, ce qui provoque une escalade des coûts, même si l'on sait que le projet ne sera finalement pas rentable. Ce fut le cas du Concorde dont on a su très rapidement que ce serait un échec commercial.

Arrêter un projet dans une phase avancée gâcherait-il l'argent, l'énergie ou le temps déjà investi ? Non, car il est déjà perdu, il est déjà gâché. En revanche, cela éviterait d'en gâcher davantage. Pensez-y quand vous regarderez un navet, que vos vacances sont « à chier » ou qu'un projet n'a plus de sens pour vous. Ne tenez pas compte de ce que cela vous a coûté, concentrez-vous sur ce que vous avez besoin d'accomplir et ce qui vous serait le plus bénéfique pour y arriver.

Mais aussi…

Parmi les nombreux biais identifiés et étudiés, on peut également citer le biais de cadrage (on n'évalue pas l'information objectivement mais sur le comment on la cadre), le biais de primauté (être influencé par l'information qui arrive en premier), le biais de récence (être influencé par l'information qui arrive en dernier), de l'effet de halo (le fait d'attribuer des qualités à quelqu'un uniquement sur la base de son apparence physique), l'effet stroop (incapacité d'ignorer une information non pertinente, effet illustré par le test de lecture de la couleur de la police de caractères que vous avez fait p. 116), l'effet de simple exposition (avoir préalablement été exposé à quelqu'un ou à une situation le/la rend plus positive), le biais d'ancrage (influence laissée par la première impression), le biais rétrospectif (ou l'effet «Je le savais depuis le début»), la croyance en un monde juste…

Je vous recommande de consulter le codex des biais cognitifs sur Wikipédia[1].

Le raisonnement motivé

Dans l'ambitieux projet de production de cartes qui correspondent au territoire, le raisonnement motivé constitue un autre écueil à surveiller. Qu'est-ce donc?

Le raisonnement motivé, c'est comme si nous avions deux modes de raisonnement pour résoudre un même

1. Source : https://fr.wikipedia.org/wiki/Biais_cognitif

problème. On peut en effet soit réfléchir comme un détective – investiguer, suivre les preuves et arriver à des conclusions –, soit réfléchir comme un avocat – motivé par la défense de son client, arranger la réalité pour avoir raison et arriver à des conclusions déterminées à l'avance.

C'est cette deuxième manière de penser que l'on qualifie de raisonnement motivé. Quand on a passé beaucoup de temps et consacré beaucoup d'énergie à quelque chose, on ne veut pas que ce soit pour rien, on ne veut pas la perdre, on ne veut pas qu'elle soit fausse. On va pour cela restructurer la réalité afin d'avoir raison. La faillite de grands noms de l'industrie illustre ce phénomène. De prestigieuses entreprises ont fait les frais du raisonnement motivé de leurs actionnaires ou de leurs patrons. Par exemple, la société Kodak créée en 1881, leader sur le marché de la photographie, n'a pas réussi à prendre le virage de la révolution numérique et s'est trouvée dans l'obligation de déposer le bilan en 2012.

Recommandations

Pour en savoir plus, je vous recommande les ressources de vulgarisation scientifiques suivantes :

Playlist « Crétin de cerveau » de la chaîne YouTube Science Étonnante :
https://www.youtube.com/c/ScienceEtonnante
Chaîne YouTube Hygiène Mentale :
https://www.youtube.com/c/HygièneMentale

En fait, notre cerveau est le plus grand illusionniste de l'univers. Il biaise notre perception du réel, il nous joue constamment des tours, et nous croyons tous en ses fictions car c'est ce qui constitue purement et simplement notre réalité. Notre perception est entièrement créée dans notre cerveau. Il produit et adapte en permanence des cartes du monde et de nous-même qui nous permettent de vivre et de survivre dans l'environnement qui est le nôtre.

Vivre et survivre

Je précise vivre et survivre car ce sont, de façon très synthétique, les deux dynamiques qui caractérisent nos réactions face à ce à quoi nous sommes confrontés. Et il s'avère que, en cas d'ambiguïté, notre cerveau aura plutôt tendance à privilégier les représentations présentant des risques que celles présentant des opportunités, donc à activer plutôt une dynamique de protection et de survie qu'une dynamique d'ouverture et de vie. Plusieurs études ont mis en évidence ce phénomène qui s'explique par l'héritage des générations qui nous ont précédés, vivant pour les plus anciennes dans des environnements où le risque de se faire attaquer par un prédateur était quasi quotidien. Le chasseur-cueilleur préhistorique qui anticipait systématiquement un danger a eu plus de chances de survivre que celui qui, au bout de 50 fois, s'est dit « Ce n'est rien, juste le vent ou je ne sais quoi », et qui s'est fait dévorer la 99e fois. En définitive, celui qui se sera fait peur 100 fois sur 100 dont 99 fois pour rien a survécu, l'autre pas. Et c'est bien sûr du survivant que nous avons hérité la façon dont nous réduisons les stimuli ambigus.

Par exemple, à l'instar de ce qui se passe avec l'image jeune femme *vs* vieille femme, nous avons plutôt tendance, à la vue d'une forme sinueuse au bord du chemin en forêt, à percevoir un serpent plutôt qu'une branche d'arbre ou une saucisse de Francfort.

Autre exemple qui illustre ce réflexe de survie, le mal de mer qui nous fait vomir. Pourquoi ? Nous avons le vertige lorsque nous sommes en hauteur et lorsque nous souffrons d'une intoxication. Au niveau de la mer nous ne sommes pas en hauteur. Donc, pour le cerveau, nous sommes intoxiqués. Vomir est la réponse de survie à cette sensation qui alerte d'un danger de mort. Bien sûr, des séjours prolongés sur un bateau font que le cerveau intègre qu'il n'y a pas de danger d'intoxication, il n'active donc plus la sensation de nausée, le mal de mer disparaît. Ce qui a été mon cas, non pas pour le mal de mer, dont je souffre toujours même sur un lac, mais pour le mal de l'air que j'avais au début de mes déplacements en avion – j'étais un utilisateur assidu des sacs papier fournis par la compagnie aérienne – mais qui a totalement disparu au fil des années et, surtout, de mes nombreux voyages.

Tout est illusion ?

Ainsi, nous vivons constamment dans un monde de représentation, dans notre monde subjectif d'illusions. Mais tout n'est pas illusion, le réel n'est pas une illusion, et toutes les représentations ne se valent pas. Sur l'échelle de la véracité – c'est-à-dire qui rend effectivement bien compte du réel (vous vous souvenez, le cylindre, le rond, le carré, voir p. 54) –, nos représentations oscillent entre 0 et 100 %. On démarre bien à 0 car nos représentations peuvent être complètement hors-sol, totalement déconnectées du réel. À l'instar de Vulcain qui était censé expliquer le décalage du périhélie de Mercure (voir p. 76), nous pouvons nous représenter et croire en l'existence d'objets de l'univers qui n'existent pas dans l'univers.

Dans le cas de Vulcain, on peut presque dire que nous avons prouvé son inexistence, pas uniquement du fait de notre incapacité à l'observer (ce n'est pas parce que l'on ne voit pas une chose qu'elle n'existe pas), mais surtout grâce au nouveau modèle de représentation qui a permis d'expliquer le décalage, à savoir la théorie de la relativité générale qu'Albert Einstein a publiée en 1915 et qui se révèle, plus d'un siècle plus tard, toujours très solide pour expliquer et prédire les phénomènes physiques dit gravitationnels dans l'univers. L'émergence de cette nouvelle théorie a rendu caduque l'hypothèse d'existence de la planète Vulcain.

Prouver l'inexistence et la charge de la preuve

Faisons une parenthèse pour parler d'un argument cher à ceux qui croient fermement en quelque chose à quoi ils confèrent une réalité physique sans pouvoir objectivement prouver son existence (par exemple la licorne rose de Paul – voir p. 59). C'est souvent l'ultime argument lorsque tous les autres ont été recalés : « Prouve-moi que ce que je dis est faux. » C'est ce qu'on appelle une inversion de la charge de la preuve. C'est un sophisme[1], tout comme « Prouvez-moi que la télépathie n'existe pas, ou alors c'est qu'elle existe » (en l'occurrence, si vous arrivez à le prouver selon un protocole scientifique rigoureux, vous gagnerez 100 000 dollars[2]).

C'est à celui qui affirme d'apporter les preuves de la véracité de son affirmation, pas aux autres de prouver que c'est faux, ce qui, dans les cas où il est question de l'existence de quelque chose, est impossible. On peut invalider des hypothèses mais on ne peut pas prouver l'inexistence. C'est ce qui s'est passé pour la planète Vulcain qui découlait d'une hypothèse venant expliquer un phénomène observé. Si Vulcain existe, elle se situe à cet endroit précis. On braque les télescopes dans la direction, pas de planète ! Ce qui invalide l'hypothèse mais ne prouve pas l'inexistence. On fait d'autres

1. Argument, raisonnement ayant l'apparence de la validité, de la vérité, mais en réalité faux et non concluant, avancé généralement avec mauvaise foi, pour tromper ou faire illusion ; www.cnrtl.fr
2. https://www.vice.com/fr/article/eve4nm/il-y-a-100-000-dollars-a-gagner-si-vous-prouvez-que-vous-avez-des-super-pouvoirs

hypothèses, comme celle d'un gaz diffus qui fait masse… toutes les hypothèses ont été invalidées. L'existence de Vulcain n'a pas été prouvée, mais encore une fois, cela ne prouve pas son inexistence. L'absence de preuve n'est pas une preuve d'absence.

Jusqu'au jour où une nouvelle théorie, une nouvelle carte, une nouvelle représentation a vu le jour, dans laquelle il n'y avait plus de décalage entre prédictions et observations, décalage qui avait motivé l'émission de l'hypothèse de l'existence de Vulcain. Le nouveau modèle rendant plus fidèlement compte de la réalité et réduisant le désaccord entre calculs et observations, l'hypothèse de l'existence de Vulcain disparut en tant qu'hypothèse.

Pas de preuve d'existence, pas de raison de croire en l'existence au-delà du statut d'hypothèse, ce qui place quelque part entre 0 et 100 le curseur sur l'échelle de véracité. Ce n'est que quand l'hypothèse devient caduque, y compris pour ceux qui l'ont émise, que le curseur se place sur 0. On peut continuer à parler de Vulcain sachant que l'on parle de quelque chose de 100 % fictif, sans réalité objective.

Ainsi, nous vivons selon les représentations que nous nous faisons du monde et de nous-même. À l'évidence, toutes les représentations ne se valent pas. Certaines rendent indéniablement mieux compte que d'autres de la réalité du monde et de nous-même. Autrement dit, toutes les représentations ne se valent pas en termes de véracité, elles correspondent plus ou moins fidèlement à la réalité. Certaines sont exactement représentatives. D'autres sont totalement illusoires sans lien avec le réel, ce qui n'est pas sans conséquences.

Exemple : Pierre se fait des films

Marie et Pierre sont en couple depuis un an. Lorsque Marie ne répond pas rapidement aux messages ou aux appels de Pierre, il se met à imaginer toutes sortes de raisons qui expliqueraient l'absence de réponse de Marie. « Elle ne veut pas me répondre », « Elle me cache quelque chose », « Elle est avec un autre homme », « Elle me trompe ». Toutes ces suppositions ne sont pas du tout en lien avec la réalité, Marie est très amoureuse de Pierre et n'a nullement le désir de rencontrer un autre homme que lui.

Les suppositions de Pierre sont hors-sol, au niveau 0 sur l'échelle de véracité, ne correspondent en rien à la réalité. Mais les réactions émotionnelles provoquées par ce que Pierre s'imagine sont, elles, bien réelles, tout comme les questions inquisitrices qu'il pose à Marie. Ce qui altère considérablement et son bien-être et la qualité de leur relation.

Toutes les représentations ne se valent pas. Certaines rendent indéniablement mieux compte que d'autres de la réalité du monde et de nous-même.

Mais alors, qu'est ce qui nous fait privilégier des représentations illusoires sans lien avec la réalité par rapport à celles qui correspondent exactement au réel ?

L'illusion de sécurité

Une des raisons qui nous fait privilégier une représentation par rapport à une autre provient de notre naturel besoin de sécurité, qui se traduit par un besoin de contrôle, et donc de compréhension. Cela nous pousse à décrire et à donner du sens à tout ce que nous percevons, à tout ce qui nous arrive. On interprète, on bouche les trous, on extrapole… peu importe si cela correspond à la réalité, l'illusion de savoir ce qui se passe nous rassure. Même si ce « savoir » est anxiogène (il y a des démons dans la pièce), c'est rassurant car cela nous donne l'impression de pouvoir faire quelque chose pour nous défendre et nous mettre en sécurité (je peux faire appel à un prêtre exorciste pour qu'il nous en débarrasse).

Une sécheresse ? Prions pour réclamer l'aide du Tout-Puissant.

Une maladie ? Faisons une saignée pour faire sortir le mal.

Le tonnerre gronde ? Dieu est en colère, craignons son courroux et obéissons-lui.

Faire une saignée ou des prières n'a pas d'effet sur la maladie ou la sécheresse. En ce qui concerne la saignée, elle produit même des effets plutôt négatifs sur l'état de santé du patient – en dehors de quelques pathologies bien précises de certaines maladies du sang notamment. Mais cela nous donne l'illusion de contrôle sur les choses et donc l'illusion de sécurité. Ça nous rassure, tout en, paradoxalement, nous exposant à d'autres dangers, comme ceux inhérents au fait d'être affaibli par les prélèvements sanguins. Si, compte tenu des considérables progrès de la médecine, on ne pratique plus guère la saignée au XXIe siècle, les appels à la prière pour influer sur le climat sont, quant à eux, toujours d'actualité[1].

Quant au tonnerre, nous connaissons aujourd'hui les phénomènes qui le provoquent. Nous n'avons plus besoin de convoquer l'existence d'une entité surnaturelle pour l'expliquer, et nous savons quoi faire pour limiter les risques de se faire foudroyer. Et pourtant, cela n'empêche pas certaines personnes d'y voir des signes et des messages surnaturels.

Nous ne voyons pas le monde tel qu'il est, nous le voyons tel que nous sommes.

Et si nous sommes anxieux, cela affecte la façon dont nous voyons le monde au point parfois de nous en faire une représentation en décalage avec sa réalité. Nous nous mettons à maquiller ou à occulter certains

1. Dans tous les pays frappés par la sécheresse, les prières pour la pluie se multiplient quelle que soit la religion; https://www.la-croix.com/Religion/priere-pluie-conjurer-secheresse-2017-12-29-1200902638

aspects de la réalité, ce qui nous permet de vivre dans le relatif confort de se sentir en sécurité.

Jusqu'au jour où la confortable illusion se trouve confrontée à la coriace réalité (du réel) qui, à n'en pas douter, prendra toujours le dessus sur le fictif. Je peux croire dur comme fer que, si je saute par la fenêtre, je vais pouvoir voler, la gravitation va immanquablement me faire tomber vers le sol, ce qui, au contact sensible (comprenez douloureux) de celui-ci, va me sortir du douillet confort de mes illusions. Plus grand est le décalage entre notre représentation subjective et la réalité objective, plus nous sommes en danger de violent réajustement de nos représentations lorsque celles-ci se confrontent au réel.

Il y a là un paradoxe intéressant à souligner, celui de la recherche de sécurité qui biaise notre perception et induit des comportements qui nous mettent en danger. Chercher la sécurité est censé nous mettre à l'abri du danger, mais nous met paradoxalement en danger.

Une variante de ce phénomène est ce qu'en sciences sociales et psychologiques on appelle les prophéties autoréalisatrices.

Prophéties autoréalisatrices

La prophétie autoréalisatrice (de l'anglais *self-fulfilling prophecy*) est un concept de sciences sociales et psychologiques utilisé pour traduire une situation dans laquelle quelqu'un qui prédit ou s'attend à un événement, souvent négatif, modifie ses comportements en fonction de ses croyances, ce qui a pour conséquence de faire advenir la prophétie[1].

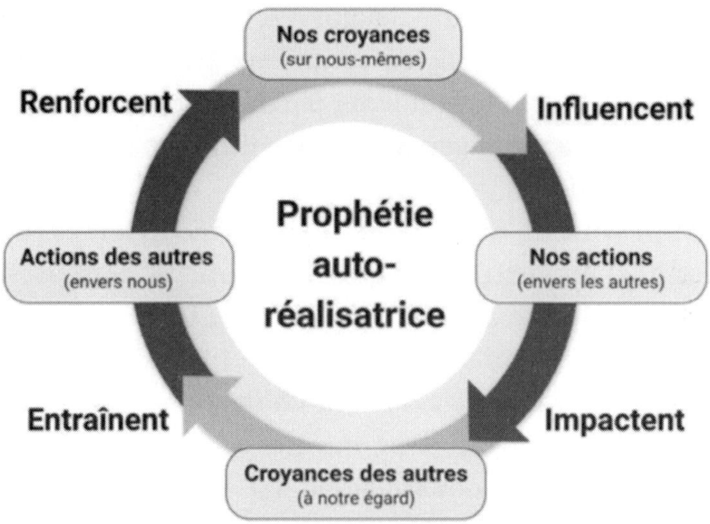

Une rumeur qui annonce la pénurie d'une denrée provoque un surstockage par les consommateurs de la denrée en question, ce qui vide les entrepôts et provoque une pénurie – qui n'aurait pas existé si les

1. Source : Wikipédia.

consommateurs n'avaient pas fait des réserves par peur de manquer : prophétie autoréalisatrice.

Il en est de même de la Bourse. Si une rumeur annonce que la valeur d'une action va baisser, ses détenteurs vont chercher à les vendre au plus vite et massivement, ce qui provoquera effectivement la baisse du cours de cette action : prophétie autoréalisatrice.

Un État qui pense que l'État voisin souhaite lui faire la guerre investit dans son armée pour préparer sa défense, ce qui est perçu par le voisin comme une intention de lui faire la guerre, qui renforcera lui aussi son armée, jusqu'à ce qu'une étincelle mette le feu aux poudres que chaque partie a stockées pour se protéger d'un danger au départ illusoire : prophétie autoréalisatrice.

Mon vol a eu du retard et j'ai à peine le temps pour prendre ma correspondance de train. Je dois passer les contrôles de douane au plus vite. Je suis stressé à l'idée de me faire arrêter pour une inspection de mes bagages. Je me dis : « Avec la chance que j'ai, je vais certainement me faire contrôler. » Ce qui ajoute à mon stress qu'un douanier aguerri détecte. Il m'arrête pour faire un contrôle de mes bagages : prophétie autoréalisatrice.

Un antidote ?

Un antidote à ce genre de désagrément consiste à porter une attention juste aux choses et à en faire la part, c'est-à-dire à distinguer ce qui est connu, hypothétique ou inconnu, à distinguer dans ses propres pensées ce qui relève de faits, d'interprétations, de suppositions ou d'opinions. C'est veiller à ne pas prendre des vessies pour des lanternes, à ne pas réagir à des informations avant de s'être assuré de la véracité, ou pour le moins du degré de véracité, de celles-ci.

C'est un exercice facile et difficile à la fois. Facile car à la portée de tous. Difficile car cela nécessite de suspendre son jugement et de faire un travail de vérification, ce qui n'est pas toujours accessible selon les circonstances, surtout si nous sommes sous l'emprise de fortes réactions émotionnelles. Et pourtant, si nous ne le faisons pas, les conséquences de nos réactions se fondant sur des interprétations erronées ou la croyance en de fausses informations peuvent être dramatiques.

Léon s'est fait berner par Gustave

Gustave souhaite s'approprier le commerce de Richard. Il fait croire à Léon que Richard s'adonne à la pratique de sacrifices d'enfant dans la cave de sa boutique, ce qui alimente son activité de trafic d'organes. Le sang de Léon, dont l'enfant a disparu quelques mois plus tôt, ne fait qu'un tour et tue Richard. À la suite de quoi, Gustave rachète la boutique de Richard à bas prix.

Cette histoire un peu simpliste peut vous paraître farfelue. Et pourtant ! Elle s'inspire de faits réels[1]. De surcroît, pensez à toutes les rumeurs que l'on a fait courir tout au long de l'histoire dans le seul but de discréditer une communauté pour prendre le dessus sur elle, s'approprier ses biens ou son territoire. Les guerres et les génocides, on l'a vu dans le chapitre 1[2], ont systématiquement eu recours à ces pratiques pour arriver à leurs fins.

Nous verrons de façon plus détaillée au chapitre 8 comment nous pouvons agir pour, autant que faire se peut, nous prémunir de tels drames.

Peut-on résister aux illusions ? Non… et oui !

Non, car elles sont inhérentes à notre mode de fonctionnement. Une voiture peut-elle rouler sans roues ? Non, car rouler est inhérent au mode de fonctionnement d'une voiture, ce qui implique qu'elle a des roues.

---

1. Vague de lynchages liés à des rumeurs de sacrifices humains au Bangladesh en janvier 2019 ; https://www.parismatch.com/Actu/International/Au-Bangladesh-vague-de-lynchages-lies-a-des-rumeurs-de-sacrifices-humains-1638861

Rumeur de trafic d'organes et « chasse aux Roms » en Seine-Saint-Denis ; http://www.francesoir.fr/societe-faits-divers/rumeur-de-trafic-dorganes-chasse-aux-roms-en-seine-saint-denis

2. « Des fake news qui tuent », « Pas de guerre sans fake news… », « … Ni de génocides ».

Sinon, ce ne serait pas une voiture mais un avion, un hélicoptère, une fusée, un bateau… S'illusionner est inévitable car inhérent à notre mode de fonctionnement, à savoir de nous représenter le monde à travers des représentations fictives. Et ces représentations sont parfois totalement illusoires.

Et oui, en les étudiant. En étant conscient que nous n'accédons qu'à la carte, jamais au territoire, et que la carte est fictive et illusoire. En connaissant le mode de fonctionnement de notre cerveau, en étant conscient de ses limitations cognitives, et en en tenant compte quand on analyse les choses, les faits, la vie en général.

Nous verrons dans les chapitres 6 à 8 comment faire concrètement pour vérifier que nos représentations rendent fidèlement compte du réel. Avant cela, voyons plus en détail comment elles sont produites. Allons identifier dans ce que nous sommes, dans ce qui nous constitue, les éléments de réalité qui participent à la production de ces incontournables représentations constitutives de notre réalité subjective. Autrement dit, comment produisons-nous nos représentations ?

5

L'usine à représentations

Nous avons dans les chapitres précédents proposé des éléments de réponse à la question « Que sommes-nous ? ». Nous avons présenté un modèle dit 4 quadrants – inspiré du philosophe Ken Wilber – qui décrit toute la complexité de ce que nous sommes, ce qui nous constitue et ce qui nous a construit, tant du point de vue de l'individu que de son interaction culturelle et sociale avec son environnement.

Nous avons également mis en évidence que nous sommes en lien avec le réel objectif, aussi bien le monde qui nous entoure que nous-même, à travers les représentations subjectives que nous nous en faisons.

Ces représentations coïncident plus ou moins fidèlement avec la réalité qu'elles décrivent. Plus le décalage entre représentations et réalité est grand, plus nous nous exposons à de douloureuses confrontations au réel lorsque nous le rencontrons là où nos illusions nous le maquillent, voire l'occultent complètement.

Il y a donc un enjeu majeur à veiller à ce que nos représentations du monde, des choses et de nous-même correspondent au mieux à la réalité de ce que sont le monde, les choses et nous-même. Autrement dit, il nous appartient de veiller à porter une attention la plus juste possible à tout cela – aux choses, au monde et à nous-même.

Pour y parvenir, nous devons d'abord identifier nos illusions et, pour ce faire, mieux comprendre comment sont produites nos représentations.

Les neurosciences nous éclairent. Dans sa conférence TED d'avril 2017, Anil Seth nous a expliqué comment «Notre cerveau hallucine notre réalité consciente», et nous savons que nous construisons nos représentations à partir de nos stimuli sensoriels, mais aussi en fonction des informations que nous avons déjà emmagasinées.

Au-delà de l'aspect purement biologique et neurologique que les scientifiques étudient chaque jour dans leurs laboratoires de recherche, essayons d'identifier et de détailler ce qui participe à ce processus. Pour ce faire, je vous propose une démarche pragmatique (ingénieur Arts et Métiers oblige !) qui part du monde et de la façon dont il nous impacte pour arriver à la façon dont nous avons un impact sur le monde.

Du monde réel au monde des représentations

Quel impact le monde a-t-il sur moi ?

L'univers, le monde, le réel objectif sera, dans les différents schémas qui vous seront présentés, illustré ainsi :

Comment sommes-nous en contact avec le monde? Qu'est ce qui fait l'interface entre nous et le monde? Quels sont les points de contacts? Nos sens! La vue, l'odorat, l'ouïe, le goût, le toucher, les cinq sens que tout le monde connaît, auquel j'ajoute dans le schéma ci-dessous un sixième qui englobe tous les autres, connus et inconnus – proprioception (perception de la position des différentes parties du corps), nociception (perception de la douleur), thermoception (perception de la chaleur), équilibrioception (sens de l'équilibre), perceptions d'ordre énergétique…

Par exemple, je suis en contact visuel avec le cahier bleu posé devant moi grâce à ma vue, par l'intermédiaire de mes yeux qui sont sensibles aux rayons lumineux qui proviennent du cahier.

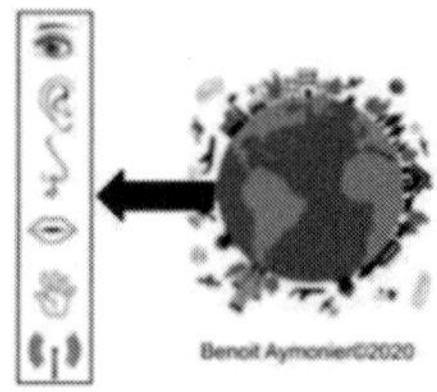

Notre système nerveux transmet au cerveau les stimuli sensoriels. J'ai ici illustré le cerveau avec les intestins que l'on qualifie de deuxième cerveau. Ce n'est qu'une illustration. N'oubliez pas que la carte n'est pas le territoire.

Ainsi, les rayons lumineux qui proviennent du cahier bleu stimulent dans ma rétine les cônes qui sont sensibles aux longueurs d'onde correspondant au bleu et produisent un signal électrochimique transmis par mes nerfs optiques à mon cerveau.

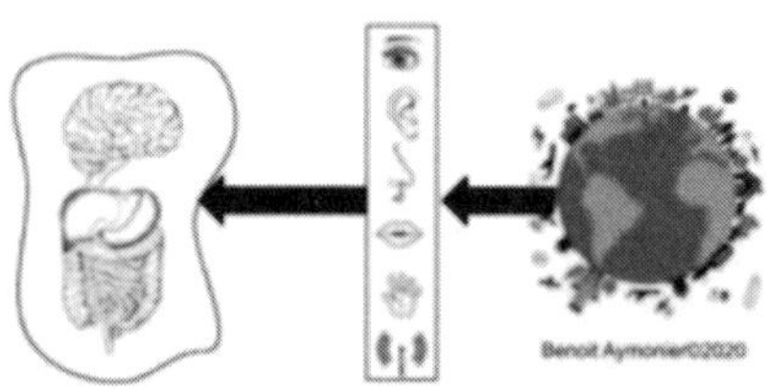

C'est au sein de notre cerveau que sont traités les stimuli et produites les représentations selon un processus de création que j'illustre ci-dessous avec cette boîte que j'appelle PCR (Processus de Création des Représentations).

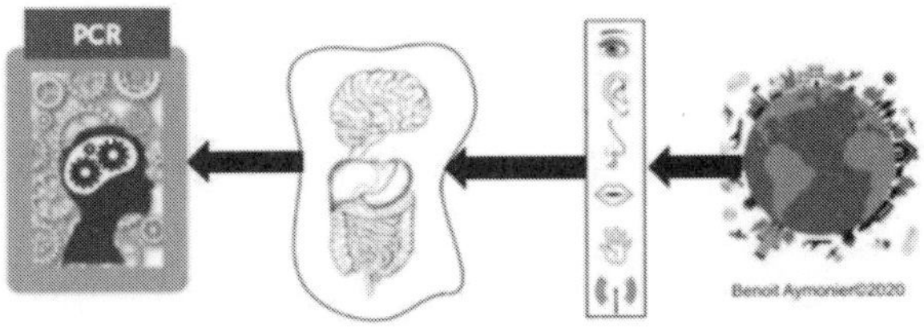

De ce processus PCR sont produites les images, les perceptions, les conceptions, les abstractions…, en un mot les représentations qui constituent notre réalité subjective de ce que nous percevons de notre environnement – objets, personnes, phénomènes – et de nous-même.

À la vue du cahier posé devant moi, je me le représente avec sa forme, sa couleur, les différents éléments qui le constituent (couverture, feuilles, spirales), et je peux aussi le nommer et le qualifier (cahier à spirale bleu de 300 pages).

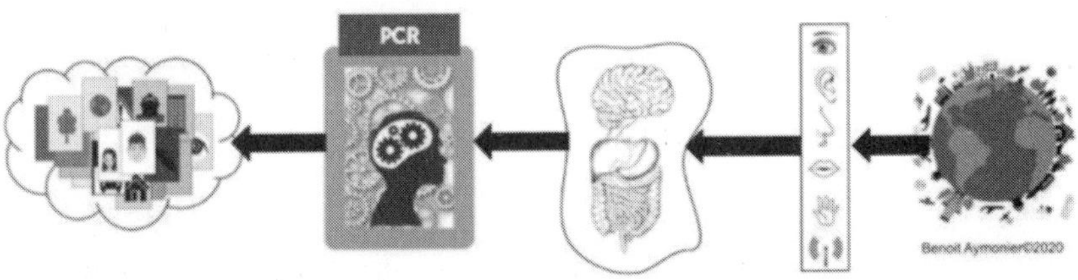

Je peux aussi, les yeux fermés, me représenter le cahier. Je peux l'imaginer, le visualiser sans le voir. Ainsi, nous produisons des représentations non seulement à partir de ce que nous percevons mais aussi à partir de ce que nous imaginons. Nous avons cette capacité d'abstraction qui nous permet de générer des représentations hors-sol, sans lien avec l'environnement, avec ce qui est vécu et perçu dans l'instant présent.

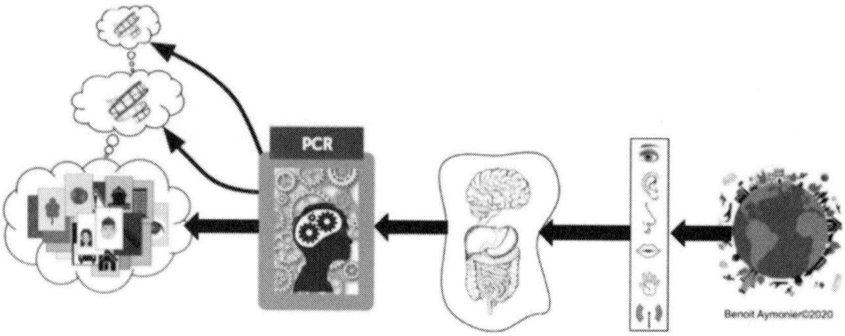

On peut se faire des films totalement fictifs sans lien avec la réalité. Non seulement on peut, mais c'est en fait la façon dont notre cerveau fonctionne la plupart du temps. La grande majorité de nos pensées portent sur le passé, le futur, les autres, ailleurs. Toutes ces pensées produisent des représentations qui ne sont pas provoquées par nos sens. Elles sont donc déconnectées du réel. Cela ne veut pas dire qu'elles ne parlent pas du réel et qu'elles ne le représentent pas fidèlement. Cela veut juste dire qu'elles sont produites à l'intérieur de notre système de représentation sans lien sensoriel avec l'extérieur.

Ainsi, à la question « comment le monde a-t-il un impact sur nous ? », nous sommes en mesure de proposer la réponse suivante :

L'impact que le monde a sur moi, ce sont les représentations que je produis à son contact.

Au contact du monde à travers nos sens, nous produisons des représentations. Au contact sensible avec le réel objectif, nous créons notre réalité subjective. Tel est l'impact majeur que le monde a sur nous !

Majeur mais pas unique, car il nous atteint parfois en provoquant des réactions sans passer par le PCR. C'est le cas lorsque les stimuli sensoriels activent des réactions réflexes telles les peurs conditionnées. C'est ce que les travaux du professeur Joseph LeDoux de l'université de New York ont mis en évidence en montrant que nos peurs conditionnées provoquaient des réactions à partir de l'amygdale (un noyau cérébral) sans passer par les zones cérébrales de traitement de stimuli sensoriels[1].

Le processus de création des représentations

Comment sont produites nos représentations ?

D'un point de vue purement neurobiologique, nous l'avons vu en introduction de ce chapitre, les réponses sont à l'étude dans les laboratoires de recherche des scientifiques, et nous n'allons pas détailler ici le fonctionnement « mécanique » de ce processus.

1. Source pour en savoir plus : https://lecerveau.mcgill.ca/flash/capsules/experience_bleu03.htm

En revanche, et c'est ce qui nous intéresse tout particulièrement dans ce livre, penchons-nous sur les éléments de réalité qui participent à ce processus. Autrement dit, sur ce qui, au-delà des stimuli sensoriels, intervient, contribue, influence la façon dont nous produisons nos représentations.

On pourrait ici facilement faire une quasi-lapalissade, à savoir « ce qui contribue à notre façon de faire, c'est ce que nous sommes ». En effet, ce qui intervient dans notre façon de nous représenter les choses, c'est nous-même, ce qui nous constitue, ce qui nous a construit et ce que nous portons, à savoir nos souvenirs, nos conditionnements, nos héritages, nos blessures, nos peurs, et bien sûr notre biologie.

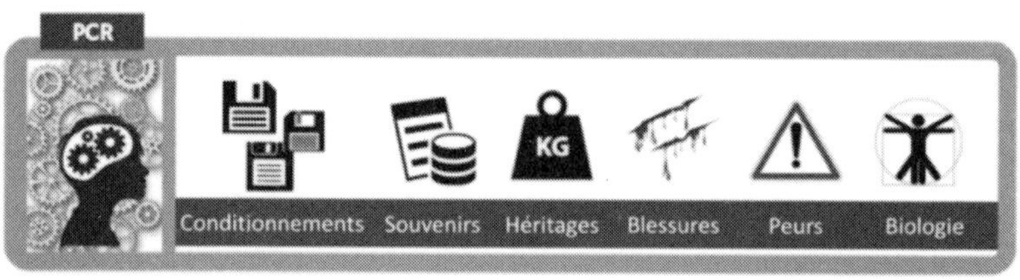

Passons-les en revue un par un.

Les souvenirs

Tout ce que nous emmagasinons à travers nos expériences alimente la base de données de nos souvenirs. Les traces mémorielles de notre vécu participent à la façon dont nous nous représentons les choses. Un exemple vous a été donné dans le chapitre 4 (voir § «Décryptage visuel» et «Décryptage sonore» p. 113-114). Nous décryptons les images ambiguës en fonction des images que nous avons déjà vues. Nous interprétons ce que nous percevons et construisons nos représentations en fonction de ce dont nous disposons comme modèles stockés dans notre mémoire.

Ce que nous avons emmagasiné dans notre mémoire contribue à la façon dont nous produisons nos représentations.

Les conditionnements

Nos conditionnements participent à la création de nos représentations. Que ce soit la langue que l'on parle, l'éducation que l'on a reçue, la famille dans laquelle on a grandi, le ou les pays dans lesquels on a vécu, la ou les cultures dans lesquelles on a baigné, les traditions auxquelles nous avons dû nous soumettre ou qui nous ont fait nous rebeller, les religions que nous avons pratiquées, les contraintes environnementales et sociales…, l'environnement socioculturel dans lequel on a évolué a façonné un certain nombre de conditionnements qui influencent la façon dont on va produire nos représentations. En effet, on ne se représente pas les choses de la même façon selon que l'on vive en Chine, en Australie, en Tunisie, en Angleterre, ou au Groenland.

Exemple : Grossièreté ou politesse ?
Un fou rire fort embarrassant

Février 1988, je suis en Chine avec trois autres élèves ingénieurs participant à un programme de coopération avec l'Institut des chemins de fer de Dalian. Quelques jours après notre arrivée, nous sommes invités à un dîner officiel avec le président de l'université et les directeurs des départements. Pendant le repas, un des directeurs rote bruyamment. Nous nous regardons du coin de l'œil, un peu amusés. Quand cela se reproduit alors qu'il est en train de parler avec un de nos camarades, le sourire s'est transformé en fou rire irrépressible.

Nous apprendrons plus tard que le rot non seulement n'est pas grossier en Chine, mais plutôt perçu comme une marque de politesse, manifestant le contentement que l'on a du repas qui nous est offert. Il n'est en tout cas pas refréné comme il est coutume de le faire en Europe.

Un comportement de politesse pour les uns perçu comme grossier par les autres ? Nos conditionnements participent indéniablement à la façon dont nous produisons nos représentations.

Qu'ils soient familiaux, sociaux ou culturels, nos conditionnements contribuent à la façon dont nous produisons nos représentations.

Les héritages

Dans un autre registre, similaire mais distinct des précédents, il convient de mentionner ce dont on hérite, non pas en termes de vécu ou de conditionnement socioculturel, mais à travers ce qui nous est transmis de notre environnement de façon informelle, invisible, transgénérationnelle. Des peurs ou des blessures que nos parents portent, par exemple, qui nous sont transmises non pas explicitement par la culture, l'éducation, les traditions, les coutumes… mais implicitement à travers le comportement de notre entourage, communauté, humanité au sens large, voire génétiquement pour des peurs viscérales comme la peur des serpents et des araignées.

Nos parents ou nos grands-parents ont vécu (ou hérité) des expériences dont ils portent des traces, et celles-ci se traduisent par des peurs qui vont conditionner leurs comportements. Nous allons être influencés et imprégnés par ces comportements. Nous allons hériter certains aspects de ce qu'ils sont, de ce qu'ils portent en lien avec leur vécu ou leurs propres héritages. Et même si nous n'avons pas vécu leurs expériences, nous héritons de mécanismes de protection qui vont influer sur notre PCR.

> ***Exemple : Héritage de la peur du manque***
>
> *Je suis d'une génération dont les parents ont vécu pendant la Seconde Guerre mondiale et dont les grands-parents ont vécu la Première – avec les stigmates qui en ont découlé. Pour ce qui me concerne, mes arrière-grands-parents ont fait la Première Guerre mondiale. Mes ancêtres ont vécu et survécu pendant des périodes très troublées, très difficiles. Pendant les guerres mondiales, les gens ont manqué, ils ont connu des périodes de rationnement, certains ont souffert de la faim. Ces expériences d'insécurité et de manque que mes parents, grands-parents et arrière-grands-parents ont vécu sont patentes. Ils les ont vécues dans leur chair.*
>
> *Je suis issu d'une fratrie de cinq enfants, nous avons toujours mangé à notre faim, nous n'avons jamais vécu de situation d'insécurité alimentaire. Et pourtant, je me souviens que, enfants, alors que nous avions tous de quoi manger, la première chose que chacun faisait avant de commencer ce qu'il avait dans son assiette, c'était de picorer ce qui restait dans le plat.*

Il y a donc des comportements qui prennent racine dans des peurs (ici la peur de manquer) qui ne correspondent ni à des éléments de réalité de conditionnement, ni à des éléments de réalité d'expériences vécues, mais que l'on porte en héritage et qui vont ainsi influencer la façon dont on va se représenter les choses, le monde, nous-même.

Ce que nous portons en héritage, aussi bien de notre lignée familiale proche que de nos lointains ancêtres, contribue à la façon dont nous produisons nos représentations.

Les blessures

Les expériences douloureuses, parfois traumatisantes, que nous avons vécues ont pu provoquer des blessures qui nous rendent particulièrement sensibles à certaines situations. Les situations d'abandon, de rejet, de trahison, d'humiliation[1] auxquelles aucun n'est indifférent nous feront d'autant plus réagir que ces blessures ne sont pas cicatrisées. Tant qu'une blessure que nous portons est sensible, elle va influencer la façon de nous représenter ce que nous vivons.

Exemple : Sur le terrain ou sur le banc ?

Lors de la constitution d'une équipe, l'entraîneur choisit les joueurs qui vont être sur le terrain et ceux qui vont rester sur le banc de touche. Pierre et Jacques sont tous deux désignés pour être remplaçants. Pierre accueille la décision du coach avec une légère déception, Jacques, quant à lui, le cœur serré, se sent très mal. Le décalage entre les réactions de Pierre et de Jacques provient du fait que Jacques porte intimement une blessure de rejet qui le rend particulièrement sensible à ce genre de situation.

1. Pour en savoir plus, lire ou relire le chapitre 5 de mon livre *Lâcher prise, comment se reconnecter à soi-même*, *op. cit.*

Les blessures que nous portons, ainsi que les mécanismes de protection que nous avons développés pour ne pas en souffrir, contribuent à la façon dont nous produisons nos représentations.

Les peurs

Nos émotions en général, et nos peurs en particulier, influencent considérablement la façon que nous avons de nous représenter les choses. C'est ce qui fait que certaines personnes voient plus facilement les risques que les opportunités. Ce n'est ni bien ni mal. Il est d'ailleurs particulièrement utile de détecter les risques lorsqu'il y a de réels dangers. Mais c'est contraignant, enfermant, limitant lorsque les dangers sont fictifs, n'ont pas de réalité objective. Nos peurs peuvent venir de nos conditionnements, de nos souvenirs, de notre expérience, de ce dont on hérite, de nos blessures. Elles vont fortement influencer la façon dont on va interpréter et se représenter les situations.

Exemple : Blessure ou peur d'être blessé ?

Dans l'exemple précédent, Jacques se sent très mal de ne pas avoir été choisi non pas parce qu'il est mis à l'écart, rejeté, exclu (Jacques est très apprécié par ses coéquipiers et son entraîneur tant pour ses qualités physiques et techniques que son esprit d'équipe), mais parce que la situation active chez lui la peur de souffrir du rejet. Il n'y a dans la situation absolument aucun danger, mais Jacques le vit avec la boule au ventre. Lorsque l'entraîneur rassure Jacques sur sa valeur et sa place au sein de l'équipe, la boule au ventre disparaît. Si Jacques se libère de ce qui provoque ces peurs qui l'alertent de dangers qui n'existent pas, la boule au ventre ne se manifestera même pas.

Parmi toutes nos peurs figurent des peurs innées, des peurs viscérales, comme la peur des serpents et des araignées. Ces peurs se déclenchent de manière automatique et déclenchent des réactions réflexes. Elles sont en quelque sorte héritées de nos ancêtres et profondément inscrites en nous. Nos phobies et nos peurs conditionnées opèrent de la même façon, elles nous font réagir en mode réflexe.

Sous le coup de la peur, nous activons des mécanismes de protection dont celui d'essayer de prendre le contrôle, ce qui nous pousse à comprendre et à donner du sens à ce qui nous arrive. Notre besoin de sécurité biaise notre façon d'interpréter et de nous représenter les choses. Cela nous fait parfois voir des choses qui n'existent pas, nous rend d'autres fois aveugles à ce qui est, où encore nous donne l'illusion de savoir des choses dont on est ignorant.

Exemple : 79 % disent savoir ce que personne ne sait

Lors de la pandémie du SARS-CoV-2 en 2020, Le Parisien *a publié les résultats d'un sondage qui appelait les Français à se prononcer sur l'efficacité d'un médicament. Seuls 21 % ont répondu ne pas savoir. 79 % se sont prononcés comme « sachant » à un moment où l'état de la science et de la connaissance ne permettait absolument pas de répondre de façon tranchée à cette question. Au-delà de l'effet Dunning-Kruger (voir chapitre 4), le besoin de sécurité exacerbé par la peur nous pousse à vouloir prendre le contrôle et, par conséquent, à comprendre et à « savoir », même si ce « savoir » est illusoire et ne correspond pas à la réalité.*

Les peurs que nous avons, ainsi que les mécanismes que nous avons développés pour nous protéger, contribuent à la façon dont nous produisons nos représentations.

La biologie

Bien évidemment, la biologie joue un rôle dans la façon dont nous nous représentons le monde. Un malvoyant ou un malentendant ne voit ou n'entend pas la même chose que celui dont les sens fonctionnent de manière optimale. Un daltonien perçoit son environnement en fonction des couleurs qu'il est biologiquement en mesure de détecter et emmagasine les informations sur le monde en conséquence.

Ainsi, à la question « Quels éléments de réalité participent au processus de création de représentation ? », nous sommes en mesure de proposer la réponse suivante :

Nos souvenirs, nos conditionnements, nos héritages, nos blessures, nos peurs, nos émotions, notre biologie participent au processus de création de nos représentations.

L'impact que le monde a sur nous sont les représentations que nous nous faisons du monde, de nous-même et de l'interaction que nous avons avec notre environnement. Ces représentations sont produites selon un processus dont nous sommes les artisans à partir de ce que nous sommes, ce qui nous constitue et ce que nous portons.

Intéressons-nous maintenant à l'impact de nos représentations sur le monde.

Du monde des représentations au monde réel

Que se passe-t-il au contact sensible avec notre environnement ? Nous l'avons vu précédemment, nous créons des représentations. Mais que se passe-t-il après ? Eh bien, nous réagissons. Une odeur de brûlé vient nous chatouiller les narines, nous allons voir dans la cuisine si nous n'avons pas oublié quelque chose sur le feu. Le téléphone sonne, nous décrochons et disons « Allô » dans la langue que nous parlons. Nous apprenons le décès d'une personne qui nous est chère, des larmes se mettent à couler sur nos joues.

Nous réagissons aussi aux films intérieurs que nous produisons. Nous pensons à un rendez-vous très important programmé pour le lendemain et notre cœur se met à battre plus fort. Nous nous remémorons la soirée passée la veille avec des amis et nous sourions. Nous nous rappelons la queue de poisson faite par un chauffard deux heures plus tôt et nous nous sentons en colère.

Ainsi, les représentations que nous produisons provoquent nos réactions. Que celles-ci découlent de stimulations sensorielles (ce qui est perçu à travers nos sens) ou qu'elles soient créées de façon autonome par nos capacités d'abstraction, d'imagination ou de visualisation, nos représentations déclenchent nos réactions physiologiques (accélération du rythme cardiaque, tension, boule au ventre, salivation, excitation…), émotionnelles (joie, peur, tristesse, colère…), ou comportementales (fuite, attaque, séduction, soumission…).

Mes représentations provoquent mes réactions émotionnelles, physiologiques, comportementales.

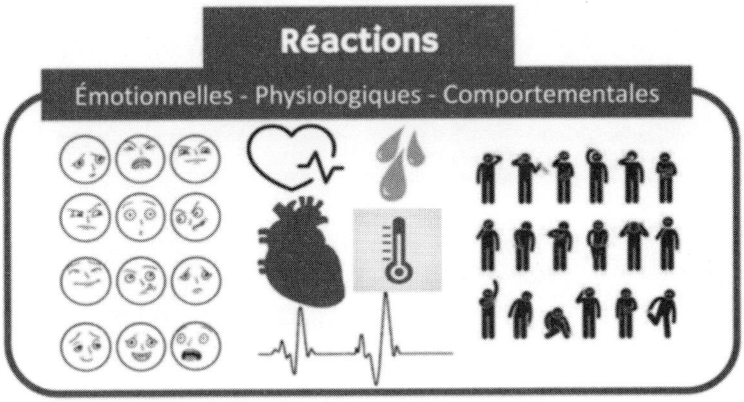

Réalité ou fiction : même conséquence

Le cerveau ne fait pas la distinction entre ce qui est produit à partir de stimuli sensoriels et ce qui est imaginé ou visualisé. Et pour cause, cela passe par le même processus de représentation. C'est la raison pour laquelle on peut avoir l'eau à la bouche à la vue d'un bon repas… ou simplement dans l’anticipation et la visualisation d’un bon repas. Les réactions physiologiques, ici une augmentation de la salivation, sont les mêmes.

Ainsi pouvons-nous compléter le schéma de la façon suivante :

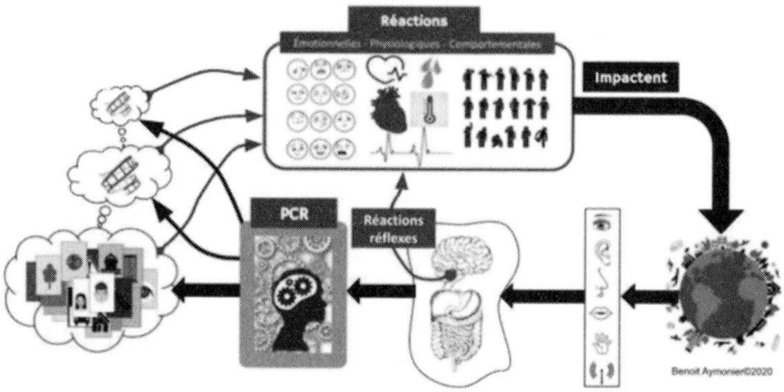

Bien sûr, ce schéma est extrêmement simplifié. Il ne traduit pas toute la complexité des mécanismes biologiques, neurologiques, psychologiques et physiques qui se produisent dans notre organisme. Il n’en est pas moins une représentation fidèle de la réalité des phénomènes qu’il décrit.

Du monde des représentations au monde réel, que se passe-t-il ?

Mes représentations provoquent mes réactions qui immanquablement ont un impact sur le monde.

Ma réalité subjective impacte le réel objectif par les réactions qu'elle provoque en moi.

Nous avons donc un mécanisme circulaire entre le monde et l'individu, entre monde réel et monde des représentations, entre réalité objective et réalité subjective :

1. Au contact du monde, je produis mes représentations.
2. Mes représentations provoquent mes réactions.
3. Mes réactions agissent sur le monde.

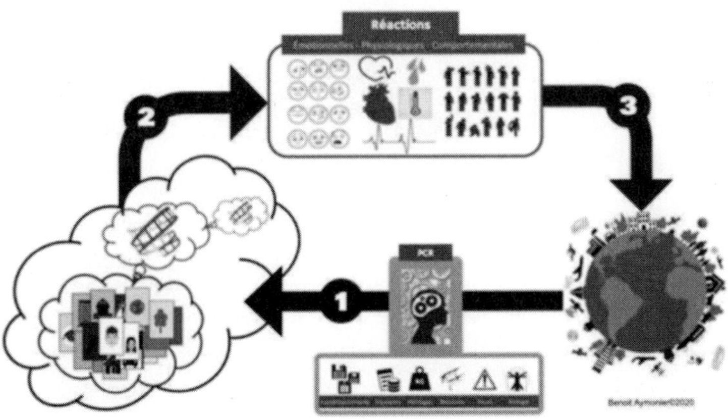

L'ego, une représentation singulière

Parmi toutes les représentations que nous produisons, il en est une qui est particulièrement importante, celle que nous avons de nous-même et que nous appelons communément l'ego. L'ego est un mot particulièrement chargé, servi un peu à toutes les sauces au carrefour du développement personnel, de la philosophie, de la psychanalyse et de la spiritualité. Je vous en propose une définition simple et pragmatique : *L'ego est la conception et l'image que l'on a de soi-même. C'est une interface d'image entre soi et le monde qui opère comme un filtre plus ou moins transparent et déformant.*

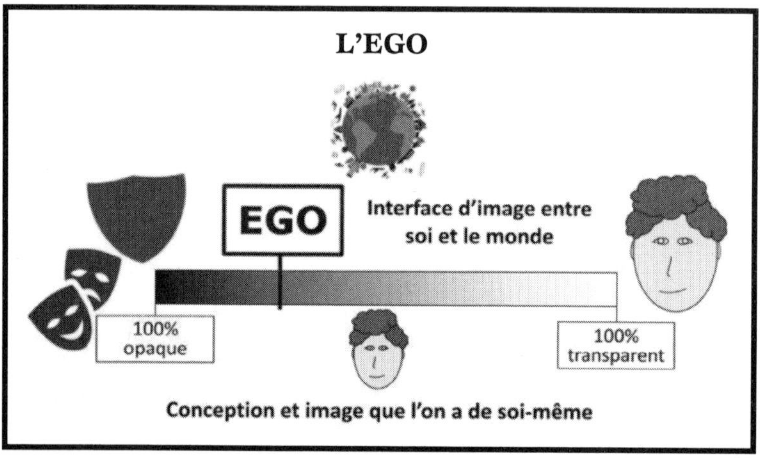

L'ego est une représentation singulière puisque c'est la représentation de soi-même. Dans cette perspective, ce n'est pas quelque chose à contrôler, à réduire, voire à supprimer (ce qui n'a littéralement pas de sens).

En revanche, il nous appartient d'en prendre conscience et de l'ajuster au réel.

Que se passe-t-il lorsque décalage il y a entre représentation et réalité ? Ça bugge ! Et la confrontation au réel est souvent douloureuse, d'autant plus douloureuse que le décalage est grand.

Que se passe-t-il lorsque la représentation que je me fais du monde et de ma place dans le monde ne coïncide pas avec la réalité du monde et de moi-même en son sein ? Ça bugge ! Et cela se traduit par des frustrations, des tensions, des conflits, pouvant même aller jusqu'aux troubles relationnels ou psychologiques dont les conséquences dépassent parfois largement le périmètre de l'individu.

Les drames de l'ego dans l'histoire

Adolf Hitler, Joseph Staline, Pol Pot, Idi Amin Dada… autant de leaders dont on peut dire que l'image qu'ils avaient d'eux-mêmes et du monde a contribué aux drames historiques qui ont marqué l'histoire de l'humanité.

À moindre échelle, mais tout aussi dramatique, on peut citer les gourous de sectes tristement célèbres : Jim Jones (suicide collectif en 1978 – plus de 900 morts), Chizuo Matsumoto (attentat au gaz sarin à Tokyo en

1995 – 13 morts et plus de 6300 blessés), David Koresh (incendie à Waco après cinquante et un jours de siège – 82 morts).

Bien sûr, dans ces exemples, la responsabilité n'incombe pas uniquement à ces leaders charismatiques qui ont dramatiquement marqué l'histoire. La responsabilité est partagée du fait même de l'interconnexion et de l'interdépendance des êtres humains entre eux. C'est parce qu'ils ont été crus, encouragés, soutenus qu'ils ont pu avoir de tels impacts. En décrivant dans ce livre quelques mécanismes permettant de comprendre comment de tels drames peuvent arriver, j'espère que cela contribuera un peu à les éviter dans le futur.

Mes réactions me parlent de moi-même

De la compréhension du fonctionnement de notre processus de création de représentation découle une énorme valeur ajoutée en termes de conscience et de connaissance de soi. En effet, mes réactions sont provoquées, non pas par le monde qui m'entoure, mais par les représentations que je produis à son contact. Pour preuve, un même événement va provoquer deux réactions différentes chez deux individus différents. Une pluie d'été réjouit les agriculteurs qui voient leurs champs arrosés gratuitement et désole les touristes qui ne vont pas pouvoir aller bronzer sur la plage. C'est la même pluie, ce sont les mêmes gouttes d'eau, mais la réaction diffère.

Mes représentations m'appartenant pleinement, mes réactions aussi. Par conséquent, mes réactions me parlent de moi-même. Comment ?

De façon directe, puisqu'elles sont provoquées par mes représentations, elles me parlent de la façon dont je me représente les choses.

Mes réactions me parlent de moi-même. Elles me donnent des indices sur la façon dont je me représente les choses.

Et de façon indirecte, puisque mes représentations sont produites par un processus déterminé par ce que je suis, elles me parlent de moi-même (ce qui me constitue, ce qui m'a construit, ce que je porte).

Mes réactions me parlent de moi-même. Elles me donnent des indices sur la façon dont je construis mes représentations.

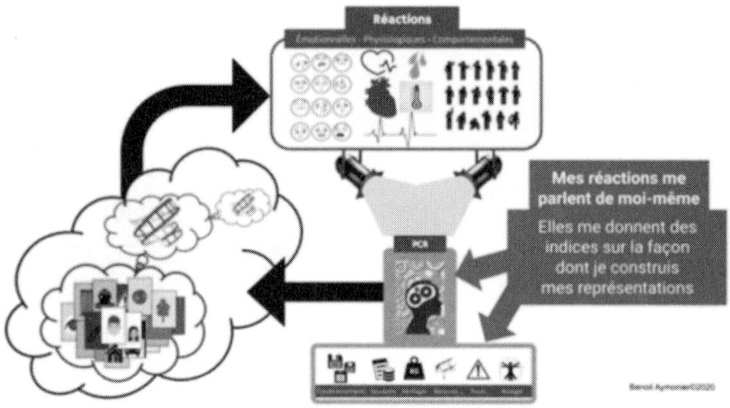

Aux questions « Qui suis-je ? » et « Que suis-je ? », nous avons des pistes vers des réponses qui s'appuient sur des éléments de réalité objective : nos réactions !

Qui suis-je ?

Par l'observation, la prise de conscience, la mise en lumière des représentations que j'ai de moi-même, recoupée avec les réactions et comportements que je manifeste, je vais accéder à des réponses qui s'ancrent dans le réel objectif.

Que suis-je ?

Par l'observation de mes réactions et comportements, j'accède à des indices me permettant de mettre en lumière ce qui participe à la production de mes représentations. Je peux ainsi mettre en lumière des éléments de réalité de ce que je suis, ce qui me constitue, ce que je porte, ce qui m'a construit.

Mes réactions me parlent de moi-même.
J'accède à la réalité de ce que je suis à travers la réalité de ce que je vis et de comment je le vis.

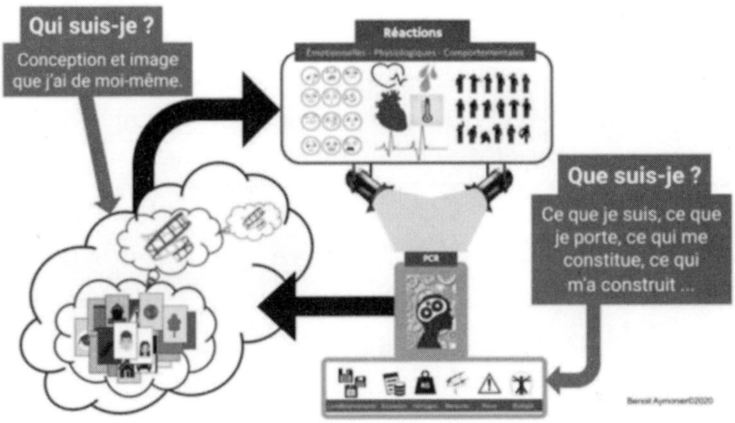

Il convient de noter que ces réponses ne sont bien évidemment pas gravées dans le marbre. Nous sommes en perpétuel changement, en constante évolution. Ce que nous sommes aujourd'hui diffère de ce que nous étions hier. Même si certaines caractéristiques ne changent pas dans le temps (nous serons éternellement les enfants de nos parents), nous changeons la façon de les vivre. Ainsi, les réponses à ces questions appartiennent fondamentalement à l'instant présent.

Pour conclure ce chapitre, récapitulons quelques constats exposés précédemment.

1. Je suis en lien avec le monde objectif à travers les représentations subjectives que je m'en fais, et j'interagis avec mon environnement à partir des représentations que je me fais.
2. Mes représentations relèvent de la réalité subjective et ne sont pas le réel objectif qu'elles représentent. La carte n'est pas le territoire.
3. Plus le décalage entre mes représentations et la réalité est grand, plus la confrontation de mes représentations au réel est douloureuse, d'autant plus douloureuse que je suis attaché à mes illusions.

Il convient donc de veiller à ce que les représentations que je produis correspondent au plus près à la réalité de ce qu'elles représentent. Que ce soit le monde qui m'entoure (mon environnement physique ou social, les personnes qui m'entourent, les relations que j'entretiens avec elles…) ou moi-même, il m'appartient de m'assurer que représentations et réalité coïncident.

Comment ? C'est ce que nous allons voir dans les prochains chapitres : comment se connecter au réel ?

6

Comment se connecter au réel? Accéder à la réalité de soi-même

Comment se connecter au réel? Il convient avant tout de souligner que, en toute rigueur, nous ne nous y connectons jamais totalement. En effet, nous n'y accédons qu'à travers nos représentations subjectives qui sont, fondamentalement, fictives, et donc pas réelles. Au même titre qu'une carte qui représente un territoire n'est pas le territoire, que le tableau de Magritte qui représente une pipe n'est pas une pipe, nos représentations du réel ne sont pas le réel. Elles sont objectivement réelles en tant que représentations, à l'instar du tableau qui est réel en tant que tableau ou de la carte qui existe objectivement en tant que carte, mais elles ne sont pas le réel qu'elles représentent. Nous ne nous connectons jamais totalement au réel, la seule chose que nous pouvons faire, c'est de nous assurer que la représentation que nous nous en faisons coïncide au plus près avec la réalité de ce qui est.

Cette distinction entre réel et représentation du réel est fondamentale, et l'ignorer nous expose, nous l'avons vu, à de grandes déconvenues, de douloureuses déceptions, voire de graves dangers.

Que faire pour nous en prémunir ?

1. La première chose à faire, c'est d'en prendre conscience. J'espère que ce que vous avez lu jusqu'à présent y contribue.

2. La deuxième chose à faire, c'est de développer une hygiène de vie, en l'occurrence une hygiène émotionnelle et mentale, qui va nous aider à ne pas (trop) prendre des vessies pour des lanternes, une hygiène de présence, de conscience et d'attention juste qui va nous aider à ne pas tomber dans les pièges de nos illusions, de biais cognitifs et de mécanismes de protection qui nous rendent aveugles à certaines choses et nous en font voir d'autres qui n'existent pas.

Puisque se connecter au réel est impossible, nous pourrions reformuler la question de la façon suivante : « Comment porter une attention juste aux choses ? », juste signifiant ici « au plus proche de ce qu'elles sont ». Autrement dit, comment faire en sorte que mes représentations subjectives coïncident avec la réalité objective, que les représentations que je me fais de moi-même et du monde qui m'entoure correspondent à la réalité de ce qui est.

Commençons par « soi-même » !

Comment accéder à la réalité de soi-même ?

Plus précisément, comment accéder à la réalité de ce que je suis ? De qui je suis ?

Nous avons au chapitre précédent identifié une ligne directrice nous permettant de répondre à ces questions fondamentales : j'accède à la réalité de ce que je suis à travers la réalité de ce que je vis et comment je le vis. Nous allons à présent détailler une démarche, un processus, une méthode, disons, qui permet concrètement et pratiquement de faire ce travail.

Cette méthode repose sur mon expérience personnelle et professionnelle. Elle détaille un exercice pratique proposé au chapitre 4 de mon premier livre, *Lâcher prise, comment se reconnecter à soi-même* (*op. cit.*). C'est l'exercice le plus puissant du livre, et il a toute sa place ici où il s'agit de faire la part des choses entre réalité et fiction, entre carte et territoire, entre réel et représentation. Cette méthode, que j'appelle « décryptage », consiste à prendre la mesure de ce que l'on vit, à identifier des signaux sur le tableau de bord de notre vie et à en décrypter les messages. C'est ainsi que l'on peut mettre en lumière les éléments de réalité de ce que l'on est.

En effet, à l'image du tableau de bord d'un véhicule dont les signaux nous informent du bon fonctionnement ou du dysfonctionnement d'un véhicule, nos réactions nous donnent des indications sur la façon dont nous sommes en train de faire l'expérience de notre existence. Nos émotions, nos sensations, nos réactions physiologiques et comportementales sont de précieux indicateurs sur la façon dont nous réagissons à la situation que nous sommes en train de vivre. Ils nous aident à prendre les dispositions qui vont nous permettre de poursuivre l'expérience sensible de notre existence – le voyage, pour le véhicule – dans les meilleures conditions possible.

La sensation de froid nous invite à nous couvrir car si notre température descend en dessous de 37 degrés, notre corps – le véhicule de notre existence – ne va pas fonctionner correctement. De la même façon que le voyant de la température du moteur qui s'allume nous invite à vérifier le bon fonctionnement du circuit de refroidissement du moteur de la voiture, si nous avons trop chaud ou trop froid, nous sommes invités à prendre des dispositions pour maintenir la température de notre corps à un niveau fonctionnel optimal.

Si nous saisissons un objet brûlant dans la cuisine, la sensation, ici la douleur ressentie, nous pousse à lâcher l'objet immédiatement, d'autant plus rapidement que l'intensité de la douleur est grande. Sans cette sensibilité – ces signaux sur le tableau de bord –, nous nous exposons au risque de nous blesser, parfois gravement.

C'est ce dont souffrent les personnes atteintes d'analgésie congénitale, maladie génétique incurable qui rend les personnes qui en sont atteintes très vulnérables.

Ne ressentant aucune douleur, cela les expose au risque de se blesser en se brûlant, en se mordant la joue, ou même en se fracturant un membre sans même s'en rendre compte.

J'en ai fait moi-même l'expérience *a minima* à la suite d'un soin dentaire. L'anesthésie locale prodiguée par le dentiste a duré plus longtemps que prévu, jusqu'à l'heure du déjeuner. Là, en mangeant une salade, j'eus la sensation d'un goût étrange de sang dans la bouche. J'arrêtai alors immédiatement de manger car je réalisai que j'étais en train de me manger la joue. C'est bien de manger des protéines, mais mieux vaut éviter de manger les siennes.

Autre situation qui, cette fois-ci, a bien failli me coûter la vie, c'est la crise d'appendicite qui n'a pas été détectée aux urgences de la clinique dans laquelle je m'étais rendu en pleine nuit pour douleurs abdominales, et de laquelle je suis sorti avec de puissants analgésiques. Grâce à leurs effets anesthésiants, je pus dormir et me reposer, jusqu'à ce que, trente heures plus tard, cela se transforme en péritonite gangrenée. Si vous lisez ces mots, c'est que, bien évidemment, ayant été opéré à temps, j'ai survécu… J'ai depuis une immense gratitude pour le corps médical, ces femmes et ces hommes qui œuvrent dans les hôpitaux, et précisément dans mon cas à l'hôpital Saint-Joseph de Lisbonne. De l'aide-soignant à la chirurgienne, ils m'ont littéralement sauvé la vie.

Prendre en compte un signal est bien sûr très important. Le décrypter l'est tout autant. Les douleurs abdominales et autres symptômes n'ont pas été décryptés correctement à la clinique dans laquelle je me suis rendu d'abord, les mesures prises n'étaient pas adéquates, mon état s'est aggravé. C'est grâce au scanner passé le lendemain à l'hôpital que l'on a pu faire le nécessaire : une heure plus tard, j'étais sur la table d'opération.

Ainsi, nos réactions, nos sensations, nos émotions constituent les indicateurs du tableau de bord de notre vie. Nous l'avons vu précédemment, nos réactions nous appartiennent à 100 %. Donc tout ce que nous vivons nous parle de nous-même. Un peu comme si chaque expérience vécue nous montre, démontre, expose, explique, alerte, donne un message/un éclairage de ce que nous sommes, de ce qui, en soi, nous fait réagir et nous comporter comme nous le faisons. Encore faut-il prendre la mesure des signaux et décrypter les messages de façon claire et intelligible.

Concrètement, comment faire ?

Je vous propose une approche simple et pragmatique pour aborder et dénouer des situations complexes et subtiles. Elle se décompose en deux parties qu'il convient de faire l'une après l'autre, la première étant ce qui va constituer la base de travail de la seconde.

Prendre une photographie

La première étape consiste à faire une photographie des éléments de réalité objective, à savoir les faits liés à un événement précis (la situation, le contexte, ce qui s'est passé, ce que nous avons vu et entendu) et la façon dont nous avons vécu cet événement (nos sensations, nos émotions, nos pensées).

Pour pouvoir s'appuyer sur des éléments factuels fiables, il est important de s'en tenir à un événement spécifique clairement identifié dans le temps, et non pas une généralisation de situations récurrentes. Ce travail de décryptage doit impérativement se faire sur la base d'éléments de réalité les plus précis et objectifs possibles.

Ce qu'il s'est passé, les faits

Décrire la situation consiste à décrire les faits, ce qu'il s'est passé, ce que nous avons vu et entendu.

Prenons un exemple pour illustrer l'ensemble du processus. La description des faits peut se formuler de la façon suivante :

> Faits : *Ce matin, à 9 h 15, je travaille à mon bureau lorsque mon gougnafier de chef entre sans frapper et me demande en colère si j'ai traité le dossier de monsieur Durand. Je lui réponds que pas encore. Il me donne l'ordre de m'en occuper immédiatement et de lui apporter le dossier dans son bureau. Puis il retourne dans son bureau dont il claque la porte.*

On veillera dans la description des faits à distinguer ce qui a été observé de ce qui a été interprété, supposé, extrapolé, déduit, jugé… en faisant précéder les descriptions de la mention «J'ai interprété, j'ai supposé, j'ai extrapolé, j'ai déduit, j'ai jugé… ».

Reprenons la description ci-dessus et corrigeons-en la formulation :

> Faits : *Ce matin, à 9 h 15, je travaille à mon bureau lorsque mon chef entre sans frapper. Je suis interpellé par ce comportement que je juge rustre et malpoli (gougnafier). Sur un ton que j'interprète comme étant empreint de colère, il me demande si j'ai traité le dossier de monsieur Durand. Je lui réponds « Non, pas encore ». Il me dit « Veuillez vous en occuper immédiatement et m'apporter le dossier dans mon bureau dès qu'il sera prêt. » Puis il sort de mon bureau. Peu de temps après, j'entends une porte claquer et je suppose que c'est celle de son bureau.*

De l'importance de prendre note sans délai

La description des faits relève de notre perception d'une part, et de la façon de nous raconter l'histoire d'autre part. Un même événement vécu par deux personnes différentes donnera deux histoires différentes. D'abord parce qu'elles observent la scène d'un point de vue différent, mais aussi et surtout, ensuite, parce qu'elles se représentent ce qu'elles perçoivent de façon différente. Rappelez-vous, nous ne voyons pas le monde tel qu'il est, nous le voyons tel que nous sommes.

Bien sûr, nous allons dans la plupart des cas être d'accord sur les faits. Mais il arrive parfois que les deux témoins d'un même événement soient en total désaccord. D'autant plus que nous différons dans le temps le moment où l'on cristallise ce qui s'est passé, les faits, soit sur papier, soit dans notre mémoire en nous remémorant la scène.

En effet, nous avons tous une mémoire sélective, biaisée par une multitude de paramètres, ce qui immanquablement altère la fiabilité de l'histoire que nous nous racontons. Autrement dit, plus nous attendons, plus le récit que nous faisons de ce que nous avons vécu risque de s'éloigner de la réalité objective de ce qu'il s'est réellement passé. C'est la raison pour laquelle il est préférable de prendre note au plus près de l'événement pour faire ce travail de décryptage.

Comment j'ai vécu ce qu'il s'est passé

Décrire la situation, c'est aussi décrire la façon dont nous l'avons vécue dans notre corps, notre cœur (émotionnellement) et notre tête (mentalement).

Dans mon corps :

Décrire comment nous le vivons dans notre corps, c'est relever nos sensations physiques, nos réactions physiologiques, et nos comportements.

Exemples de sensations physiques : tensions, douleurs, larmes, chaud, froid, picotement, tremblements…

Exemples de réactions physiologiques : cœur qui bat, transpiration, gargouillement, nausée…

Exemples de comportements : cris, pleurs, fuite, taper du poing sur la table, claquer une porte…

> *Corps : Légère tension dans le ventre, un peu comme une boule.*
>
> *Geste de la main, qu'on fait quand on pense que quelqu'un est fou quand j'ai entendu la porte claquer.*

Dans mon cœur :

Décrire comment nous le vivons dans notre cœur, c'est lister toutes les émotions ressenties en essayant de trouver le mot le plus juste.

Joie, peur, colère, tristesse, dégoût, honte, culpabilité, mépris…

Afin de vous aider à identifier le mot le plus pertinent pour nommer votre émotion, consultez les cartes mémo « Développer sa conscience émotionnelle » disponible sur le blog du livre[1]. Consultez en particulier les cartes n° 2 « Les émotions » et n° 9 « Les émotions et leurs synonymes ».

> *Cœur : En colère de le voir entrer dans mon bureau sans frapper.*
>
> *Stress lorsqu'il me demande si j'ai traité le dossier de monsieur Durand.*
> *Agacé par son ton autoritaire.*

Dans ma tête :
Il s'agit là de prendre note des pensées et des discours intérieurs que nous avons eus pendant l'événement. Il convient de veiller à identifier et à distinguer les interprétations, suppositions, jugements, déductions, extrapolations, projections…

> *Tête : Quel gougnafier, il ne frappe même pas avant d'entrer.*
> *Zut ! J'ai complètement oublié de traiter le dossier de monsieur Durand.*
> *Pour qui se prend-il à me parler comme cela ?*

Cette première étape consiste donc à prendre une photographie de ce qu'il s'est passé et à veiller à ce que celle-ci soit la plus fidèle, la plus descriptive et la plus

1. https://resisterauxillusions.benoitaymonier.fr

précise possible par rapport à la réalité de l'événement tel qu'il s'est effectivement déroulé.

Décrypter et prendre la nourriture

La seconde étape, celle du décryptage à proprement parler, consiste à identifier sur la base des éléments de la première partie ce qui, en soi, a été touché, affecté, contacté, activé... Cela peut être une blessure, un conditionnement, un héritage, un mécanisme de protection, une aspiration profonde...

Reprenons l'image du tableau de bord. Si dans votre voiture s'allument à la fois les voyants relatifs au niveau de carburant dans le réservoir, à la fermeture des portes et à l'enclenchement de l'attache de votre ceinture de sécurité, vous devez traiter chacun de ces signaux. Une information spécifique est donnée par chaque voyant allumé, lequel s'éteindra dès qu'une mesure adéquate sera prise pour régler le problème signalé par le voyant du tableau de bord.

Il ne vous viendrait pas à l'idée d'aller à la station-service à cause du voyant « Portière mal fermée », ni de vérifier que toutes les portes sont bien fermées si « Attachez votre ceinture de sécurité » est allumé. À moins que vous ne fassiez une erreur d'interprétation du message, un mauvais décryptage du signal. Auquel cas, agacé par l'inefficacité des mesures prises, vous pourriez en conclure que c'est le tableau de bord qui a un problème, ce qui pourrait vous amener à retirer l'ampoule du voyant pour ne plus être dérangé par le signal qui, selon votre interprétation, s'allume intempestivement.

Cette étape du décryptage est donc essentielle pour prendre les mesures les plus appropriées et efficaces dans notre vie. Les voyants du tableau de bord de notre voiture nous informent sur le fonctionnement du véhicule, ce qui le constitue et comment il fonctionne. Nos réactions émotionnelles, physiques et comportementales nous informent sur notre propre fonctionnement, ce qui nous constitue, ce qui est sensible, ce qui est touché, ce qui se joue et s'active en soi.

Rappelez-vous (voir chapitre 5 p. 166) :

Mes réactions me parlent de moi-même.
J'accède à la réalité de ce que je suis à travers la réalité de ce que je vis et de comment je le vis.

En faisant la photographie de ce que nous vivons, nous décrivons « la réalité de ce que je vis et de comment je le vis ». Le décryptage consiste à mettre en lumière « la réalité de ce que je suis ».

La charnière entre la réalité de ce que je vis et celle de ce que je suis, entre la première et la deuxième partie de ce processus, ce sont les déclencheurs.

Déclencheurs – les étincelles

Les déclencheurs constituent les traits d'union entre les éléments de réalité extérieure «visibles» liés à ce qu'il s'est passé et les éléments de réalité intérieure «invisibles», ce qui en soi a provoqué nos réactions. Les questions à se poser pour les identifier sont :

Qu'est-ce qui, dans ce qu'il s'est passé, a déclenché ma réaction? Quelle étincelle a mis le feu émotionnel en moi? Quel détonateur a fait exploser la bombe réactionnelle de mon comportement?

Par exemple :

> *Colère : mon chef entre dans mon bureau sans frapper…*

Chaque réaction est un signal qui transmet une information. Il convient donc de faire ce travail pour chaque émotion, sensation, comportement. Il convient de tirer les fils un par un pour identifier la nature et surtout le message transmis par le signal. Certaines situations, pas forcément complexes, provoquent un feu d'artifice de réactions physiques et émotionnelles qui font ressembler le tableau de bord de notre vie à un sapin de Noël. Ça clignote un peu partout. Faire face efficacement à ce genre de situation nécessite de faire la part des choses, de prendre en compte et de traiter chaque signal pour pouvoir retrouver un mode apaisé de fonctionnement, sans les flashes et les bourdonnements des signaux d'alarme.

> *… mais aussi :*
> *Stress : lorsque mon chef mentionne le dossier de monsieur Durand et que je réalise que j'ai oublié de le traiter.*
> *Agacement : le ton autoritaire de mon chef.*
> *Geste de la main : lorsque j'entends une porte claquer dans le couloir.*

Cette étape d'identification des déclencheurs est cruciale car elle permet d'ancrer tout le travail de décryptage dans le réel. Elle nous permet également d'y revenir si nous partons dans des élucubrations hors-sol lorsque, angoissé par la perte de contrôle, nous cherchons frénétiquement à comprendre ce qui nous arrive.

La peur nous pousse à nous mettre en sécurité, à réduire l'incertitude, à comprendre et à contrôler. Donner du sens aux situations et à nos réactions nous donne l'illusion de reprendre le contrôle sur la situation, de reprendre la télécommande de soi-même. Mais si le sens est déconnecté de la réalité, les boutons de la télécommande ne seront pas opérationnels. Pire, ils peuvent provoquer des réactions qui aggravent la situation.

Exemple :

Marie est très sensible à la façon dont ses collègues interagissent avec elle, et réagit vivement lorsque Paul ne répond pas à ses emails. Cela la met en colère, l'angoisse, et, à la fois, la fait se sentir coupable. Elle part vite dans les tours et se fait des films sur ce que pense Paul, le risque de nuisance qu'il peut avoir sur sa réputation, le risque de se voir attribuer la cause de dysfonctionnements alors que c'est Paul qui ne fait pas son travail. Si Marie ne fait pas la part des choses et n'identifie pas ce qui, en elle, est si sensible, son besoin d'apaiser les inconforts prendra le dessus et la poussera à trouver des explications et à donner du sens, souvent déconnecté de la réalité, afin d'avoir l'impression de pouvoir reprendre le contrôle sur la situation.

Ancrer notre démarche dans le réel constitue en quelque sorte un garde-fou[1] et nous évite de tomber dans les pièges qui nous font attribuer à tort des causes irréelles à des effets qui, eux, le sont bel et bien, réels.

Ainsi, l'identification précise des déclencheurs est très importante et très utile pour la suite du processus. Cela nous aide à mettre en lumière de façon beaucoup plus fiable les réelles causes de nos réactions, les produits inflammables qui ont provoqué les feux émotionnels qui nous consument de l'intérieur. De la qualité de cette étape dépend la fiabilité de ce qui va par la suite être révélé, mis en lumière et transformé.

1. Au sens propre comme au sens figuré.

Causes – les produits inflammables

Les causes qui provoquent nos réactions, ou, plus précisément, qui conditionnent la façon dont nous nous représentons les choses et par conséquent provoquent nos réactions, sont multiples. La plus simple et facile[1] à identifier, ce sont nos attentes qui, qu'elles soient satisfaites ou pas, provoquent des réactions en nous, plutôt agréables lorsqu'elles sont satisfaites et désagréables lorsqu'elles ne le sont pas.

Comment identifier les attentes qui se cachent derrière nos réactions ?

Les émotions pour identifier mes attentes

Les événements sont neutres. L'étiquette « positive » ou « négative » que l'on peut mettre sur une situation et sur l'émotion qu'elle provoque dépend de la perception de la personne qui la vit au moment où elle la vit. Une pluie d'été réjouira un agriculteur qui verra ses champs arrosés gratuitement, et la même pluie attristera un vacancier qui ne pourra pas profiter de la plage, on l'a évoqué plus haut. Ce sont rigoureusement les mêmes gouttes de pluie, et pourtant, l'agriculteur et le vacancier ne réagissent pas de la même façon à leur contact. L'événement est neutre et provoque une réaction spécifique à chaque individu.

---

1. En réalité, pas si facile que cela. La pratique des décryptages est très aidante.

Si les émotions ne sont ni positives, ni négatives, elles sont en revanche clairement plus ou moins agréables et confortables. Elles sont surtout très utiles pour nous mettre en mouvement, et aussi, dans le cadre de ce processus de décryptage, pour nous aider à mettre en lumière ce qui se passe en nous.

Qu'est-ce qu'une émotion, au juste ? De façon très synthétique :

Une émotion est une réaction provoquée par un déclencheur et qui se manifeste par des comportements.

On distingue différents types d'émotions : les émotions primaires, les émotions secondaires ou sociales (l'embarras, le mépris, la culpabilité, la jalousie), et les émotions combinées (la nostalgie, combinaison de joie et de tristesse). Les émotions primaires sont présentées dans le tableau ci-dessous.

Déclencheur	Émotion	Comportement associé	Indices physiologiques et comportementaux
obstacle	colère	attaque	tension, poings serrés, dents serrées
perte	tristesse	repli sur soi	épaules basses, larmes, pleurs
toxique, nuisible	dégoût	rejet	écœurement, envie de cracher et de vomir
danger, menace	peur	fuite	rythme cardiaque qui s'accélère, sueurs froides, mains moites
désir comblé	joie	ouverture, approche	sourire, rire, dynamisme

(Tableau reproduit et enrichi à partir du livre *Lâcher prise, comment se reconnecter à soi-même, op. cit.*)

Nous l'avons vu, un déclencheur n'est pas une cause. Une étincelle à elle seule n'explique pas la présence d'un feu. Il n'y a pas de feu sans produit inflammable, et le produit inflammable de nos émotions, ce sont nos attentes. C'est parce que l'agriculteur a besoin d'arroser son champ qu'il se réjouit de voir tomber la pluie. Et c'est parce que le touriste s'attend à passer la journée au bord de l'eau qu'il est déçu. Pour celui qui avait prévu de rester à la maison pour repeindre la cuisine, la pluie ne lui fait ni chaud, ni froid.

Une émotion est une réaction (un feu) provoquée par un déclencheur (une étincelle), dont la cause est la satisfaction ou non de nos attentes (un produit inflammable) et qui se manifeste par des comportements.

Une image vaut mille mots et nos émotions méritent bien un schéma pour illustrer leur fonctionnement. Nos feux émotionnels sont déclenchés par une étincelle qui allume un produit inflammable, nos attentes, ce qui provoque nos comportements. Nos émotions sont des signaux du tableau de bord de notre vie qui nous informent sur le niveau de satisfaction de nos attentes.

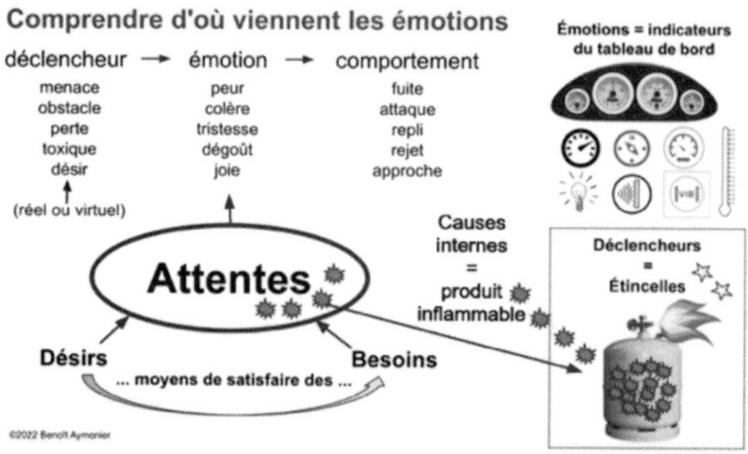

(Schéma reproduit à partir du livre *Lâcher prise, comment se reconnecter à soi-même*, *op. cit.*)

Ainsi, la cause de nos réactions émotionnelles, c'est la satisfaction ou la non-satisfaction de nos attentes, de nos désirs, de nos besoins. Chaque émotion a ses spécificités. De ces spécificités, nous allons tirer des indices pour savoir où orienter les projecteurs. Passons-les en revue :

La peur m'alerte d'une menace, d'un danger. Les questions à se poser lorsque l'on ressent de la peur sont :

Quel est le danger ? Quelle est la menace ? Le danger est-il réel ou fictif ? Qu'est-ce qui est en danger pour moi ? Menacé en moi ? Quels désirs, attentes et besoins risquent de ne plus être satisfaits si ce dont j'ai peur se produit ? De quoi ces attentes me parlent-elles ? Où prennent-elles racine ou que viennent-elles nourrir en moi ?

La colère se déclenche lorsqu'un obstacle s'interpose entre moi et la satisfaction d'une de mes attentes. Les questions à se poser lorsque l'on ressent de la colère sont :

Qu'y a-t-il derrière l'obstacle ? En quoi ai-je besoin de ce qu'il y a derrière l'obstacle ? Qu'est-ce qui est touché en moi si je ne l'obtiens pas ? De quoi ces attentes me parlent-elles ? Où prennent-elles racine en moi ? Que viennent-elles nourrir en moi ? Qu'est-ce qui risque de ne pas être nourri ou sécurisé en moi si je n'y accède pas ?

La tristesse m'alerte d'une perte, d'un manque. Les questions à se poser lorsque l'on ressent de la tristesse sont :

Qu'est-ce que j'ai perdu ? Qu'est-ce qui me manque ? Qu'est-ce qui m'a été enlevé et dont j'ai envie, besoin ? Qu'est-ce que cette envie ou ce besoin vient nourrir chez moi ? Qu'est-ce qui dans mon monde intérieur est affecté par le vide qui se manifeste à l'extérieur ? Qu'est-ce qui, en moi, est en manque suite à la perte ? Qu'est-ce qui, en moi, a besoin d'être nourri suite à la perte ?

Le dégoût me signale que quelque chose est toxique dans ce que je suis en train de vivre. Les questions à se poser lorsque l'on ressent du dégoût sont :

Qu'est-ce qui est toxique dans ce que je suis en train de vivre ? Qu'est-ce qui est menacé par la toxicité de ce qui se passe en ce moment ? Est-ce mon intégrité physique ? Ma sécurité ? Un projet qui me tient à cœur ? Est-ce relatif à ma vie personnelle ? Professionnelle ? De quoi le dégoût que je suis en train de ressentir me parle-t-il ? Qu'est-ce qui, en moi ou pour moi, est en danger « d'empoisonnement » ?

La joie m'alerte de la satisfaction d'une attente, d'un désir, d'un besoin. Les questions à se poser lorsque l'on ressent de la joie sont :

Qu'est-ce qui me rend joyeux ? Qu'est-ce qui est contenté, satisfait en moi ? Quels besoins sont nourris ? Un besoin de sécurité ? Une aspiration profonde ?

Quelque chose qui me touche personnellement ou qui concerne quelqu'un d'autre ? Ma joie s'apparente-t-elle à du soulagement ? Si oui, de quel poids suis-je soulagé ?

La jalousie, la culpabilité et la honte sont riches d'enseignement sur soi-même. La culpabilité et la honte se ressemblent un peu, la culpabilité porte sur ce que l'on fait, la honte sur ce que l'on est.

Ces émotions ont la particularité de pouvoir être intrinsèques ou extrinsèques. Intrinsèques lorsqu'elles sont la combinaison de plusieurs émotions : de la peur et de la colère ou du dégoût pour la jalousie, et de la colère contre soi avec du dégoût ou de la tristesse pour la culpabilité et la honte. Elles sont extrinsèques lorsqu'elles relèvent d'héritages ou de conditionnements socioculturels ou éducationnels.

La jalousie culturellement conditionnée est considérée comme une preuve d'amour alors que c'est avant tout la marque d'un attachement et de la peur de perdre, autant l'objet de notre attachement que la face, son honneur, sa dignité ou sa réputation. Être jaloux ne prouve pas que l'on aime une personne. Cela prouve que l'on y est attaché et que l'on a peur de la perdre.

La culpabilité et la honte peuvent être conditionnées ou héritées, ce qui fait se sentir coupable ou honteux dans des situations qui ne justifient pas une telle réaction. C'est comme si nous étions automatiquement coupable de quelque chose alors que rien, absolument rien dans ce qui se passe réellement, n'explique une telle réaction. Dans une version extrême, cela va jusqu'à se sentir coupable ou honteux d'exister. La vie est alors un mal-être permanent.

Pour en savoir plus sur les émotions et leur fonctionnement, rendez-vous sur : https://resisterauxillusions.benoitaymonier.fr, rubrique *Intelligence émotionnelle.*

Tirer le fil jusqu'au bout

Il convient dans ce processus de tirer le fil assez loin pour arriver là où il vous amène : à vous-même. Les questions clés sont :

Pour quelles raisons cela me touche-t-il autant? Qu'est ce qui est touché en moi? Comment? En quoi? Pour quelles raisons?

Toutes les réponses qui parlent de quelque chose d'extérieur nous invitent à tirer le fil plus loin, à nous reposer les questions en orientant les projecteurs à l'intérieur afin d'obtenir une réponse qui ne parle que de soi.

Exemple :

Paul doit participer à une réunion professionnelle importante à laquelle sera présent le directeur général de la société. En pensant à cette réunion, Paul ressent de la peur.

Quel est le danger ? De ne pas être à la hauteur.

Quel est le danger de ne pas être à la hauteur ? D'être mal vu.

Quel est le danger d'être mal vu ? De ne pas convenir.

Quel est le danger de ne pas convenir ? De me faire virer et de devoir chercher un nouvel emploi.

Paul travaille dans cette société depuis quatre ans. Ses résultats sont très satisfaisants, il est très apprécié. Considéré comme un collaborateur à haut potentiel, il vient d'être promu. À ce stade, un retour au réel montre que le danger de « se faire virer » est totalement hors-sol, fictif.

Prenant conscience que ce danger n'en est pas un, la peur de Paul se dissipe.

Une émotion peut en cacher une autre, tirer le fil permet d'y voir plus clair dans ses réels besoins.

Exemple :

Marie est en colère contre son mari qui a oublié de prendre son médicament.

Quel est l'obstacle ? Son mari.

Qu'y a-t-il derrière l'obstacle ? Qu'il prenne son médicament.

En quoi est-ce important pour moi ? J'ai besoin qu'il guérisse.

En quoi est-ce important pour moi ? J'ai peur que cela s'aggrave.

En quoi est-ce important pour moi ? J'ai peur de le perdre.

Derrière la colère se cache souvent une peur. Identifier la peur permet de communiquer de façon plus écologique, non pas en cherchant à changer l'autre sous l'impulsion agressive de la colère, mais en partageant ce que l'on ressent et ses réels besoins.

C'est en tirant le fil suffisamment loin que nous allons pouvoir mettre en lumière des éléments constitutifs de ce que nous sommes, à savoir nos blessures, nos peurs profondes, nos conditionnements, nos héritages, nos aspirations de vie.

Les blessures

Nous avons tous vécu, à un moment ou à un autre de notre vie, des expériences difficiles, douloureuses, voire traumatiques, qui nous ont blessés. Nous en gardons des traces plus ou moins profondes dans notre structure allant jusqu'aux peurs conditionnées. Nos blessures conditionnent nos représentations, nous rendant plus ou moins sensibles et réactifs à certaines situations. Les décryptages nous permettent donc de mettre en lumière les blessures que nous portons d'une part, et/ou les mécanismes de protection que nous avons développés d'autre part.

Ces grandes blessures sont selon moi au nombre de quatre : l'abandon, le rejet, la trahison et l'humiliation. Elles se réfèrent au comportement que certaines personnes de notre entourage ont eu à notre égard : ce sont elles qui nous ont abandonné, rejeté, trahi, humilié. Ces comportements appartiennent à l'autre, font partie du monde extérieur. Mais la blessure, elle, nous appartient, elle fait partie de notre monde intérieur. Voici un tableau illustrant ce qui se joue profondément en nous pour chacune de ces blessures :

Comportement extérieur	Ce qui se joue à l'intérieur	Comment cela se joue-t-il à l'intérieur ?
ABANDON	SÉCURITÉ	Perte de points de repère et d'ancrage sécuritaires à l'extérieur.
REJET	PLACE	Déni de la place (ou de la valeur pour mériter la place).
TRAHISON	SÉCURITÉ	Perte de points de repère et d'ancrage sécuritaires à l'extérieur.
HUMILIATION	EXISTENCE	Déni de la valeur et de l'existence.

(Texte et tableau sur les blessures reproduits et adaptés à partir du livre *Lâcher prise, comment se reconnecter à soi-même*, *op. cit.*)

À cette liste nous pourrions ajouter la blessure d'abus qui se caractérise par le fait d'avoir été abusé physiquement, sexuellement et/ou psychologiquement par une autre personne, lorsque celle-ci nous a utilisés pour son confort – bien-être, plaisir, sécurité… – au détriment du nôtre et à l'encontre de notre volonté ou de nos aspirations profondes. Être abusé, c'est en quelque sorte un mélange de rejet, trahison, humiliation.

Face à chaque souffrance en général et à chaque blessure en particulier, nous avons des étincelles, des produits inflammables et des mécanismes de protection pour nous abriter de ce qui peut raviver notre blessure et provoquer de la souffrance. Si chacun d'entre nous n'a pas forcément gardé de séquelles de ces blessures, il est cependant fort probable que, à des âges et des degrés d'intensité différents, nous ayons fait l'expérience de chacune d'elles.

Au-delà de la guérison que nous sommes invité à faire lorsque nous prenons conscience d'une blessure, nous sommes surtout invités à nous libérer de la peur de souffrir et des mécanismes de protection que nous avons développés. Car, en définitive, ce sont nos peurs et l'arsenal de réactions qui vont avec qui perturbent notre vie, qui conditionnent nos réactions, qui nous enferment derrière masques, boucliers, barricades ou château fort, et qui nous empêchent de vivre pleinement.

Nos mécanismes de survie ont la vertu de nous maintenir en vie. Cependant, ces mêmes mécanismes peuvent être des prisons qui, paradoxalement, nous empêchent de vivre.

Exemple :

Avec un énorme désir de vivre une vraie relation de couple, Alice a en même temps très peur de souffrir de trahison. Elle est tiraillée par une puissante dynamique qui la pousse à entrer en relation avec des hommes, mais ceci avec l'angoisse d'être trahie, trompée, abandonnée.

Les décryptages ont permis à Alice de prendre conscience de ce paradoxe et de prendre soin de ce qui, en elle, a besoin d'être apaisé, guéri, transformé... et ainsi faire l'expérience d'une relation amoureuse harmonieuse et durable.*

** Apaiser la peur et/ou la souffrance*
Guérir la ou les blessures
Transformer les mécanismes de protection

Vouloir une chose et son contraire, obtenir un résultat aux antipodes de ses attentes, réagir en total décalage avec la situation, les paradoxes ne manquent pas et nous y sommes tous, d'une façon ou d'une autre, confrontés plus ou moins fréquemment dans notre vie.

Vive les paradoxes !

Nos surréactions nous donnent de précieux indices sur ce qui, en nous, est particulièrement sensible. Nos réactions en général nous parlent de nous-même. Nos surréactions, voire nos réactions paradoxales, sont particulièrement parlantes.

Lorsque nous prenons mal une réflexion insignifiante, que nous nous vexons d'un comportement anodin, d'un regard ou de l'absence d'un regard, que nous déprimons au lieu d'être simplement déçus, il convient d'orienter les projecteurs à l'intérieur pour identifier ce qui nous fait surréagir.

En effet, lorsque nous surréagissons à un événement, le décalage entre notre réaction et une réaction proportionnée et adaptée à la situation nous montre en réalité que quelque chose en nous résonne avec la situation sans pourtant de lien direct avec elle. Cela nous parle de nous-même, et le décryptage de ces événements est particulièrement efficace pour mettre en lumière tel ou tel aspect de ce qui nous constitue, ce que nous portons, ce qui nous a construit.

Lorsque nous surréagissons à un événement, le décalage entre notre réaction et une réaction proportionnée et adaptée à la situation nous montre en réalité que quelque chose en nous résonne avec la situation sans avoir de lien direct avec elle.

Ces décalages peuvent aller jusqu'au paradoxe. Lorsque nous vivons un événement contradictoire, comme se trouver à vouloir littéralement une chose et son contraire ou à obtenir un résultat à l'opposé de ce qui était escompté, cette décoïncidence entre notre réalité subjective (nos représentations, nos attentes) et la réalité objective (la façon dont les événements se déroulent réellement : ce qui se passe et comment nous le vivons) nous donne l'opportunité de faire des ajustements intérieurs. Ce qui a pour conséquence de corriger la façon dont nous produisons nos représentations de sorte qu'elles correspondent plus fidèlement au réel qu'elles représentent.

En science, ce sont les décalages entre prédictions issues des modèles théoriques (réalité subjective) et observations de la réalité objective, entre calculs et mesures, qui nous permettent de mettre en lumière des lacunes dans nos modèles, de les corriger, voire d'en changer complètement pour en adopter un qui rendra plus fidèlement compte du réel[1].

Les décryptages nous permettent non seulement d'identifier des décalages entre nos représentations et la réalité, mais rendent aussi possible la mise en lumière de la façon dont nous nous représentons les choses, de ce qui, dans notre structure, nous les fait nous les représenter de la sorte. Autrement dit, les

1. Voir les nombreux exemples présentés dans ce livre.

décryptages nous aident à mettre en lumière ce que nous sommes, ce qui, par conséquent, nous donne l'opportunité de nous transformer profondément, à la racine même de ce qui nous constitue.

Les conditionnements

Les décryptages aident efficacement à mieux nous connaître sur tous les aspects de ce qui nous constitue, et en particulier sur les conditionnements qui nous ont modelés. Qu'ils émanent de notre éducation, environnement socioculturel, familial, ou qu'ils résultent de nos mécanismes internes de construction, de développement ou de protection, nos conditionnements participent à la façon dont nous créons nos représentations. Par conséquent, ils influencent considérablement notre façon de réagir et d'interagir avec les autres et notre environnement. Et c'est tant mieux, puisque c'est justement par l'observation de nos réactions et comportements que nous allons pouvoir mettre en lumière ce qui nous constitue.

N'hésitons pas à citer une fois encore ces paroles du philosophe Spinoza : «*Les hommes se trompent en ce qu'ils pensent être libres et cette opinion consiste en cela seul qu'ils sont conscients de leurs actions, et ignorants des causes par lesquelles ils sont déterminés.*»

Autrement dit, nous nous croyons libres parce que nous sommes conscients de nos désirs, de nos actions et de nos réactions, mais le sommes-nous puisque nous sommes ignorants de ce qui les déclenche ou ce qui les nourrit ?

Qu'est-ce que la liberté? Sommes-nous libres? Sommes-nous déterminés ou avons-nous un libre arbitre ? Toutes ces questions font aujourd'hui l'objet de nombreux débats tant philosophiques que scientifiques[1].

Sans rentrer dans ceux-ci, nous pouvons à ce stade du livre raisonnablement considérer que, tant que nous ne savons pas ce qui est à la racine de nos désirs, réactions, comportements, nous sommes dans l'illusion de la liberté.

Parmi les choses qui nous font avoir tel désir plutôt qu'un autre, il y a sans conteste nos conditionnements socioculturels. Nous sommes des sujets sociaux. Nous faisons tous partie d'un corps social et sommes très largement déterminés par ce corps social.

Par exemple, l'humour est universel. Où qu'ils soient sur la planète, les êtres humains ont de l'humour et rient. Mais selon leur culture, il est indiscutable qu'ils ne rient pas tous des mêmes choses. Le drame lié à l'hebdomadaire satirique *Charlie Hebdo* est dans tous les esprits.

1. Voir à ce sujet le billet du blog Science Étonnante à propos de l'expérience de Benjamin Libet (1988) et de celle de Chun Siong Soon (2008) : https://scienceetonnante.com/2012/03/05/le-libre-arbitre-existe-t-il/

Voici quelques exemples de conditionnement mis en lumière par des décryptages :

Exemples de conditionnement mis en lumière par des décryptages :

Paul est très amoureux de sa femme, mais aussi très jaloux sans raison apparente. Cela affecte l'harmonie du couple et pousse Paul à décrypter. Il met en lumière l'influence du conditionnement socioculturel qui fait croire que la jalousie est une preuve d'amour, alors que, en réalité, elle témoigne davantage de l'attachement et de la peur de perdre l'être aimé d'une part, ou du qu'en-dira-t-on et du regard des autres d'autre part.

Jacqueline se remet systématiquement en question et se sent coupable au moindre dysfonctionnement ou conflit. Les décryptages lui permettent de mettre en lumière que cela résulte de l'éducation stricte et culpabilisante qu'elle a reçue de ses parents.

Stéphane est très susceptible et réagit au quart de tour lorsqu'il est mis en question sur sa place. Les décryptages lui permettent de mettre en lumière que cette sensibilité sur les enjeux de place proviennent probablement de ce qu'il a développé pour faire valoir la sienne dans une fratrie de quatre enfants très rapprochés dans laquelle il occupe la troisième place, juste avant le dernier qui capte toute l'attention sur lui.

André s'est comporté de manière violente et humiliante avec son épouse. À 30 ans, leur fille Martine aspire à vivre une histoire d'amour, mais elle a une peur viscérale d'entrer dans une relation avec un homme.

Chris s'est disputé avec un ami qui lui reproche de régulièrement lui dire « Tu devrais avoir honte » lorsqu'il fait une erreur en jouant aux cartes ou à la pétanque. Un décryptage a permis à Chris de déceler un conditionnement qui remonte à son enfance, son père lui faisant régulièrement cette même remarque.

De la façon dont nous nous brossons les dents (ou pas) à celle dont nous nous comportons à la maison, dans la rue, avec nos amis, au travail, nos conditionnements conditionnent (c'est le cas de le dire) nos comportements. Pour reprendre la télécommande de son existence et ne pas être inconsciemment gouverné par ceux-ci, il nous appartient de les mettre en lumière et de décider en conscience de les garder intacts, de les renforcer ou de s'en libérer.

Les héritages

Ce que nous portons en héritage est d'origine très variée, venant aussi bien de nos proches que de nos ancêtres récents, ou plus anciens, voire très lointains.

Selon la psychologie évolutionniste, nous avons tous hérité d'une tendance à interpréter les stimuli ambigus comme potentiellement dangereux plutôt que neutres ou bénéfiques. En effet, nous sommes les descendants d'*Homo sapiens sapiens* qui ont systématiquement pris leurs jambes à leur cou à chaque bruit suspect du feuillage, même si celui-ci était provoqué par une simple bourrasque. Nous sommes les descendants de ceux qui ont eu peur du fait de cette interprétation. Pour les autres, ils n'ont peut-être pas couru pour rien dans de nombreuses situations inoffensives, mais il a suffi d'une fois pour qu'ils se fassent manger par un prédateur. Ils ont donc eu moins de descendance que les peureux. Nous avons donc hérité d'un mécanisme de vigilance activant des réactions de stress à la moindre menace nous permettant de nous mettre en sécurité.

Dans notre monde civilisé (quoique) dans lequel certains dangers n'existent pour ainsi dire plus (se faire manger par un prédateur affamé par exemple), il convient de prendre du recul par rapport à nos peurs et de veiller à ce que celles-ci nous parlent d'un danger réel. Ne pas faire cette vérification nous expose à souffrir de troubles anxieux. Il convient de garder le bénéfice du signal d'alarme qu'est la peur sans en subir les effets toxiques que sont l'angoisse et l'anxiété. Le décryptage est dans cette perspective particulièrement efficace.

Les héritages sont subtils et difficiles à mettre en lumière. Cela nécessite de la vigilance et une grande assiduité à l'exercice pour que des recoupements puissent se faire et déceler ainsi dans nos réactions les éléments de réalité qui vont permettre de mettre en lumière de façon fiable ce que nous portons en héritage.

La récurrence de certains comportements doit nous mettre la puce à l'oreille. D'autant plus lorsque l'on reconnaît dans ceux-ci des caractéristiques que l'on a identifiées chez nos proches. Je réponds au téléphone exactement comme le fait mon frère aîné. Je fais les mêmes papouilles à ma nièce que celles que ma grand-mère me faisait. J'ai souvent peur de manquer même si je n'ai jamais manqué de rien, contrairement à mes parents et grands-parents qui ont traversé des périodes troublées et ponctuées de pénuries. Mon père battait ma mère, je bats ma femme. Ma mère était battue par son mari, je le suis également. Mon grand-père était alcoolique, je le suis aussi. Je coupe souvent la parole de mon compagnon, ce que mon père fait constamment depuis aussi loin que je puisse me souvenir. Je constate que je parle fort alors que je ne supportais pas cette façon de faire de la part de mon père. Je fais le même travail que mon père et que mon grand-père. Ou, au contraire, j'ai une forte aversion pour le travail que faisait mon père ou mon grand-père.

Tout comme pour les conditionnements socioculturels, nous pouvons aussi bien être en adhésion qu'en aversion avec ce que nous portons en héritage.

Nos héritages peuvent aussi être décelés de façon fortuite grâce à une coïncidence frappante ou un lapsus.

Exemple :

Léa et François, comme tous les couples, se disputent de temps en temps. Léa a la fâcheuse habitude de couper la parole à François qui lui-même a la fâcheuse habitude de vivement s'emporter quand cela se produit.

Au cours d'une discussion houleuse, François se met très en colère lorsque Léa lui coupe une nouvelle fois la parole. Il monte instantanément dans les tours et s'entend appeler sa femme non pas par son prénom, Léa, mais par celui de la seconde femme de son père, Nathalie.

Au moment où il décrypte la scène, François réalise grâce à ce lapsus que l'intensité de sa réaction n'a rien à voir avec Léa, mais fait référence à ce dont il a hérité de son père : une forte sensibilité, et donc une aversion, à se faire couper la parole par quelqu'un. En effet, ce dernier a passé de nombreuses années à se disputer avec Nathalie, se mettant violemment en colère lorsqu'elle lui coupait la parole… ce que Nathalie faisait constamment. François a pendant des années été le témoin de violentes scènes de disputes durant lesquelles la communication était inexistante.

Cette prise de conscience a marqué un changement dans les réactions de François qui, même s'il était contrarié de se voir couper la parole par Léa, n'est plus jamais monté aussi haut dans l'intensité de colère que cela provoquait en lui.

Ce que nous mettons en lumière de ce qui nous constitue, de ce qui nous a construit, de ce que nous sommes, est en soi une nourriture que nous prenons de l'expérience que nous traversons. Ce qui nous invite parfois à nous aligner et à nous positionner différemment.

Nourriture et justesse profonde

Qu'entend-on par « nourriture » dans ce processus ? Ce sont les prises de conscience, la mise en lumière de quelque chose en soi, l'identification de ce qui nous appartient ou pas, de ce qui est réel ou illusoire, de nos aspirations profondes ou de nos blocages. Faire l'expérience de sa propre existence en étant au contact conscient de soi-même est en soi une nourriture.

Si la nourriture correspond aux prises de conscience suscitées par le décryptage, la justesse profonde, quant à elle, relève de l'alignement et du positionnement qui en découlent.

Exemple 1 :

Kevin s'est disputé avec sa compagne à cause de la place prise par le téléphone portable dans leurs vies respectives et du manque de disponibilité de chacun pour l'autre. Le décryptage de leur dispute l'a mené à identifier nourriture et justesse profonde :

Nourriture : prise de conscience de combien il m'est facile de perdre ma vie, de la remplir de vide, de passer à côté de l'essentiel.

Justesse : organise ta vie pour ne pas la perdre, et si tu la perds, profites-en pour te nourrir de ce qui t'a fait te perdre, et ainsi te retrouver dans ce qui est profondément essentiel pour toi.

Je vais réduire les sources de distraction en supprimant les notifications de mon téléphone. Je vais être attentif à mon état lorsque je passe trop de temps sur mon téléphone et décrypter afin de mettre en lumière ce qui, en moi, me fait adopter de tels comportements.

Exemple 2 :

Louisa a toujours eu beaucoup de mal à exprimer ses besoins. Entre peur des conflits et attente des autres qu'ils devinent ses désirs, son premier mariage s'est terminé par un divorce. S'étant remariée et ayant commencé à prendre soin d'elle, Louisa arrive aujourd'hui à se positionner différemment vis-à-vis de son second mari, Carlo. Alors qu'il lui demande de le rejoindre chez des amis un soir où elle n'a qu'une envie, se reposer tranquillement chez elle, Louisa décrypte les malaises qu'elle ressent et arrive à prendre une décision autrefois inaccessible.

***Nourriture :** j'ai besoin de prendre du temps pour moi. Ma peur du conflit avec Carlo si je ne satisfais pas à sa demande ne repose sur rien de concret.*

***Justesse :** je m'autorise à prendre ce temps pour moi et je décide de ne pas le rejoindre chez ses amis comme il me l'a demandé.*

Les décryptages sont source de prises de conscience majeures et de spectaculaires transformations dans la vie de ceux qui les pratiquent assidûment, d'autant plus spectaculaires qu'elles débloquent des situations auxquelles on a consacré, durant parfois des années, beaucoup d'énergie sans résultats satisfaisants.

En effet, dans l'exemple précédent, Louisa a passé la majeur partie de son existence à essayer de composer avec les autres et l'environnement en s'oubliant systématiquement. Problèmes de santé, dépression et anxiété ont affecté Louisa de façon chronique sans pouvoir y remédier durablement. Les décryptages lui ont permis de mettre en lumière ce qui, durant toutes ces années, a enclenché des mécanismes de protection qui l'ont enfermée et amenée à ne pas se considérer. Louisa a ainsi pu commencer à identifier ses besoins, ses attentes, ce qui est profondément essentiel pour elle, et prendre les commandes de son existence différemment.

Quand Catherine a commencé à mettre le doigt sur ce qui, toute sa vie, lui a rendu très difficile la prise de décision de voyager pour quitter ou venir voir ses parents, elle a cessé de passer plusieurs jours à stresser et à changer sans cesse d'avis avant de prendre ses billets d'avion.

Lorsqu'elle a mis en lumière qu'elle portait un lourd poids de culpabilité vis-à-vis de sa mère, puis a réalisé qu'elle n'était pas responsable de ses dépressions chroniques, Agnès a pu assainir une relation tumultueuse, empreinte de stress, de manipulations et de rancœur.

Après avoir contacté ce qui, hérité de son père, alimentait et intensifiait ses colères lorsque sa compagne Léa lui coupait la parole, François n'a plus jamais pété les plombs comme c'était régulièrement le cas.

Apprendre ou se nourrir ?

Ces transformations spectaculaires amènent certaines personnes à les justifier par l'apprentissage qu'elles font de vivre leur vie différemment. Si effectivement apprendre et développer des compétences nous permet de changer des choses dans notre vie, les transformations qui découlent des mises en lumière faites lors de décryptages ne relèvent pas d'un processus d'apprentissage. C'est la raison pour laquelle je parle de nourriture.

En effet, je préfère le terme nourriture à celui d'apprentissage, car être ce que l'on est, ce n'est pas quelque chose qui s'apprend. On apprend à nager, à faire du vélo, à lire, à compter, mais pas à être. La connaissance de soi, c'est quelque chose qui se découvre, et parfois, qui se dé-couvre au sens d'enlever le voile qui nous empêche d'accéder à ce que l'on est. En revanche, on peut dire que l'on apprend à faire ce qui permet de mieux se connaître. En effet, on peut apprendre à être plus présent et plus conscient, à faire la part des choses, à orienter les projecteurs à l'intérieur de soi, à faire des décryptages. On peut apprendre des façons de faire, une pratique, une discipline, une routine qui aide à mieux se connaître. On apprend la méthode, mais se connaître fondamentalement, cela ne s'apprend pas, cela se découvre au fil des expériences que nous faisons tout au long de notre existence.

Exemple :

Louisa observe de spectaculaires changements dans sa façon de vivre, tout particulièrement dans sa façon de réagir et de se positionner avec son mari Carlo, ce qui lui fait dire «J'apprends». Or, les changements qui s'opèrent dans la vie de Louisa ne relèvent pas directement d'un processus d'apprentissage. Ils sont avant tout la conséquence de profondes transformations en elle.

Plus présente à ce qu'elle vit, plus consciente de ses réactions et de ce qui les provoque, Louisa est de plus en plus claire avec elle-même. Elle arrive donc à l'être de plus en plus avec les autres.

Le changement de comportement de Louisa, à savoir s'autoriser à exprimer ses désirs, ses besoins, ses désaccords, découle non pas de l'apprentissage mais des réels besoins identifiés et de peurs traversées, autant de choses que les décryptages lui ont permis de mettre en lumière.

C'est à la lumière de tout ce travail de décryptage que nous pouvons, de façon ancrée dans le réel, nous positionner, faire des choix, prendre des décisions, en un mot vivre notre vie un peu plus en lien et en accord avec soi-même.

Nous voilà outillés pour, à la lumière de ce que nous vivons, identifier les éléments de réalité de ce que nous sommes et faire coïncider un peu mieux les représentations que nous avons de nous-même avec la réalité de ce qui nous constitue, de ce qui nous a construit, de ce que nous portons, en un mot, de ce que nous sommes réellement. Avoir une attention juste à ce que l'on est permet de faire des choix éclairés, plus centrés, ancrés dans son essence et alignés à ce qui est profondément essentiel pour soi.

Nous faisons partie d'un corps social, en interaction permanente avec les autres. La question qui se pose maintenant est : comment se connecter aux autres ?

7

Comment se connecter au réel ? Accéder à la réalité des autres

Nous avons vu comment se connecter à soi-même, tant à la réalité objective que subjective de soi-même. En effet, nous avons élaboré une démarche nous permettant de formuler des réponses aux questions « Que suis-je ? » et « Qui suis-je ? » qui se fondent sur des éléments de réalité objectifs, autrement dit, sur le réel.

Nous sommes des animaux sociaux et nous interagissons constamment avec nos congénères. Penchons-nous à présent sur la délicate et cruciale question de comment accéder à la réalité subjective des autres, cruciale pour vivre ensemble.

Accéder à la réalité subjective de l'autre

De fait, la réalité subjective de l'autre appartient à l'autre. Ce qu'il pense, imagine, désire, ressent physiquement, émotionnellement ou sentimentalement relève de son expérience subjective intérieure. Si Paul pleure, nous pouvons voir les larmes couler sur ses joues, elles ont une existence objective, et tout le monde va voir les mêmes larmes. Par contre, l'émotion ressentie par Paul n'est pas visible directement. On peut supposer que Paul est triste car les pleurs sont souvent associés à la tristesse… mais pas seulement. En effet, corrélation n'est pas causalité. Elles peuvent être de joie, de reconnaissance, de frisson de voir ou d'entendre une œuvre d'art. Pour savoir à quelle émotion, sensation, pensée… autrement dit, la réalité subjective, correspondent ces larmes, nous devons le demander à Paul, il doit nous le dire.

Pour accéder à la réalité subjective de l'autre, nous devons le questionner :
Comment te sens-tu ? Que penses-tu ?
Que vois-tu ? Qu'entends-tu ?
Qu'es-tu en train d'imaginer ?
Que comprends-tu ?

Mais cela ne s'arrête pas là, car ce que nous entendons, nous allons en faire notre propre représentation subjective. Tout comme la réalité objective, nous n'accédons jamais à la réalité subjective des autres. Nous ne pouvons que nous en faire une représentation, un film, une carte. L'art de la communication, c'est de faire coïncider les cartes des uns avec celles des autres. Plus elles coïncident, mieux nous communiquons, mieux nous nous comprenons. Plus elles sont éloignées les unes des autres, plus il y a de quiproquos, de malentendus, d'incompréhensions…, avec toutes les conséquences délétères et mortifères qui vont avec.

Accéder à la réalité subjective de l'autre passe par l'interprétation que je vais faire de ce que l'autre me dit.

Accéder à la réalité subjective de l'autre nous amène donc à communiquer, à faire partager par l'autre ce qui se passe dans son monde, c'est-à-dire dans son corps, dans son cœur et dans sa tête. Lui seul peut nous l'exprimer. Il convient donc de le lui demander avant de s'en faire une représentation qui, immanquablement, sera partiale et partielle, et qui le sera d'autant plus que nous jugeons uniquement à partir de ce que nous percevons.

Il convient de ne pas juger hâtivement ce qui se passe dans le monde des autres et de faire l'effort de se mettre à leur place. On ne peut pas savoir ce que vit une personne sans s'être, autant que faire se peut, glissé dans son costume, sans avoir marché dans ses baskets. Il est facile de juger et de croire, bien confortablement installé dans son monde, que l'on aurait fait mieux qu'elle. Mais lorsque l'on s'y trouve, à sa place, il arrive en réalité que l'on revienne sur sa première appréciation et que d'un jugement critique nous basculions vers une bienveillante compassion. C'est ce que j'expérimente très souvent dans mon travail d'accompagnement. Connaître toutes les facettes du vécu d'un être humain, tant ce qui se joue sur la scène visible que dans les coulisses, la cave et le grenier, permet de prendre beaucoup de distance avec les représentations que l'on se fait uniquement sur la base des éléments observables.

Ainsi, la compréhension de ce qui se passe dans le monde des autres est-elle le meilleur antidote au jugement. Mais se comprendre, qu'est-ce à dire ?

Se comprendre, qu'est-ce à dire ?

Une des définitions du CNRTL[1] est la suivante : *Se représenter nettement le sens de ce que l'on se dit l'un à l'autre*. Plutôt raccord avec ce que j'en dis dans cet ouvrage, non ?

Se comprendre : se représenter nettement le sens de ce que l'on se dit l'un à l'autre.

1. Centre national de ressources textuelles et lexicales.

Bernard Werber a écrit : « *Entre ce que je pense, ce que je veux dire, ce que je crois dire, ce que je dis, ce que vous voulez entendre, ce que vous entendez, ce que vous croyez comprendre, ce que vous voulez comprendre, et ce que vous comprenez, il y a au moins dix possibilités (mais en réflexion pour la dixième…) de ne pas se comprendre. Mais, essayons quand même*[1]. »

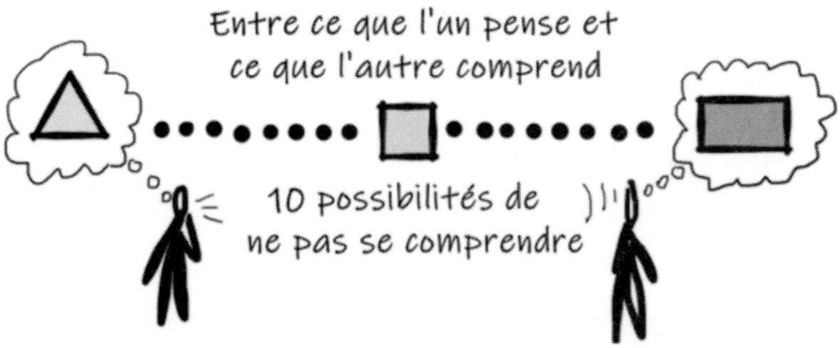

Bien communiquer, c'est faire en sorte que le message compris par le récepteur corresponde au message que l'émetteur a voulu faire passer, et se comprendre, c'est lorsque le message reçu pour l'un correspond au message émis par l'autre. La communication entre deux individus est une responsabilité partagée entre l'émetteur et le récepteur. L'émetteur doit veiller à s'exprimer clairement, poser des questions pour s'assurer d'avoir bien été compris, demander une reformulation. Le récepteur pour sa part doit écouter activement (présence) jusqu'au bout (en silence) sans juger ni interpréter, poser des questions, reformuler.

1. Bernard Werber, *Nouvelle encyclopédie du savoir relatif et absolu*, Albin Michel, 2009.

Ainsi, une clé très simple et très efficace de bonne communication consiste à reformuler ce que l'on a compris, ce qui permet de vérifier que la représentation que l'on se fait coïncide avec celle de l'autre.

Reformuler ce qui a été compris permet de vérifier que la représentation de l'un coïncide avec celle de l'autre.

Et lorsque cela coïncide, alors on se comprend.

Sans cette vigilance et ce travail de reformulation, on prend le risque d'avoir l'illusion de se comprendre, illusion qui vole en éclats lorsque le réel finit par mettre au jour les quiproquos, malentendus, ambiguïtés non clarifiées.

Par exemple, la phrase « Le Président n'est pas mort comme on l'a dit » peut se comprendre de plusieurs façons.

1) Le président n'est pas mort, comme on l'a dit. Autrement dit, contrairement à ce qui a été dit, le Président n'est pas mort, il est donc toujours vivant.

2) Le Président n'est pas mort comme on l'a dit. C'est-à-dire qu'il est bien mort, mais pas de la façon dont on l'a dit.

Sans parler de savoir si l'on parle de sa mort biologique, politique… ou encore si c'était de rire qu'il mourrait en lisant toutes les âneries écrites à son sujet.

Ou encore «*Je me ferais bien un petit jeûne*» n'a pas la même signification que «*Je me ferais bien un petit jeune.*»

Bien se comprendre est parfois une question de vie ou de mort. «*Venez manger, les enfants !*» ne veut pas dire «*Venez manger les enfants !*» Bien sûr, à l'écrit, la ponctuation ou l'orthographe aident à ne pas faire de confusion. Mais dans la communication orale, la vigilance est de mise. C'est la raison pour laquelle, dans certaines circonstances, des mesures drastiques de vérification sont prises afin d'éviter des erreurs de ce type : *Le directeur d'un centre pénitentiaire reçoit un appel. Il entend et comprend «Grâce annulée, exécution» et procède à l'exécution du condamné… par erreur car le message initial était «Grâce, annuler exécution»*. Entre ce que l'un pense et ce que l'autre comprend, la dé-coïncidence peut être totale, et les conséquences tragiques.

Nous avons tous et chacun notre part de responsabilité dans le vaste projet de nous comprendre les uns les autres. J'espère qu'après avoir lu ce livre vous serez un peu plus outillé pour prendre la vôtre et contribuer ainsi au bien commun de la communauté humaine. Car s'il est une réalité indiscutable, c'est que nous sommes condamnés, jusqu'à preuve du contraire, à vivre ensemble en partageant cette portion de l'espace-temps du système solaire qu'est la planète Terre. Comment faire en sorte *de bien vivre ensemble* ? Et pourquoi pas, soyons fous, *d'ensemble, vivre bien* ?

Vivre ensemble sur un socle commun de réalités…

Que ce soit dans la coopération, la compétition ou l'indifférence, nous partageons un espace commun que nous appelons la planète Terre. Il s'y passe des choses, le réel se déroule sous nos yeux. Il se déroule tel qu'il est, que nos yeux soient ouverts ou fermés. Quelle que soit la façon dont nous percevons notre environnement et les explications que nous donnons aux phénomènes qui s'y produisent, celui-ci est le même pour tout le monde. Le climat, les mouvements tectoniques[1], la raréfaction des ressources, la baisse de la biodiversité, l'accumulation de déchets de toutes sortes, ou encore les météorites qui passent à proximité de la Terre, tous ces phénomènes se produisent de la même façon pour tout le monde, indépendamment de nos désaccords sur leur existence ou sur les causes qui les provoquent.

En revanche, ce qui diffère, c'est d'une part la façon dont chacun se représente son environnement, et d'autre part la façon dont chacun se comporte et souhaite évoluer dans cet environnement. Le réel est tel qu'il est, les phénomènes et les problématiques qui en découlent pour les êtres humains sont ce qu'ils sont. Mais la façon dont nous, êtres humains, y faisons face,

1. Mouvements des plaques de l'écorce terrestre.

tant individuellement que collectivement, est intimement liée à la façon dont nous nous représentons le monde et les problèmes qui se posent à nous. De sorte que, à l'extraordinaire complexité inhérente au réel objectif s'ajoute l'incommensurable complexité de nos réalités subjectives. On n'est pas sorti de l'auberge !

Et nous sommes d'autant moins sortis de l'auberge que pour résoudre les grands problèmes du monde nous devons y faire face ensemble, de façon à la fois constructive et coordonnée. Ce n'est pas une option. Nos querelles de clocher n'arrangent rien, et se barricader chacun chez soi peut s'avérer une option viable pour quelques-uns et pour un certain temps, mais à coup sûr pas durable ni pour ceux qui s'enferment, ni pour ceux qui seraient à l'extérieur. Les troubles météorologiques, les méga-feux, la pollution atmosphérique, les séismes, les tsunamis, les virus, tous les phénomènes physiques, chimiques ou biologiques sont totalement indifférents à la réalité intersubjective des êtres humains. Sans foi ni loi, ces phénomènes n'ont pas de passeport ni d'états d'âme. Ils traversent les frontières et n'obéissent qu'aux contraintes imposées par le réel. Nous devons les prendre comme ils sont, strictement comme ils sont, sans aucun artifice, maquillage ou habillage idéologique, quels qu'ils soient et quelle que soit l'idéologie.

Ainsi, pour résoudre les problèmes du monde, le premier et principal critère à prendre en compte, c'est le réel, dont nous devons nous faire une représentation aussi précise et détaillée que possible.

En effet, comme le dit fort bien Jean-Marc Jancovici[1] : « *Vous ne pouvez pas correctement traiter un problème tant que vous n'êtes pas correctement capable de le décrire. C'est-à-dire que tant que vous ne savez pas correctement décrire un problème, ce que vous croyez être une solution sera, en fait, tiré au hasard. Quand vous tirez au hasard, la probabilité que vous atteigniez votre cible est extrêmement faible.* »

Nous pouvons avoir des avis différents sur la façon de traiter un problème. Pour vider l'eau d'une baignoire, nous pouvons le faire avec une cuillère à café, ou bien la retourner, ou encore faire un trou, ou enfin, tout simplement, retirer la bonde. Toutes ces solutions fonctionnent, arrivent au même résultat de la baignoire vidée de son eau, mais pas de la même façon et avec des effets secondaires différents : le temps passé avec la cuillère, l'eau sur le sol du fait de l'avoir retournée, le trou après l'avoir percée, et… rien de particulier après avoir retiré la bonde.

Plus nous décrivons correctement le problème, plus il nous sera facile de choisir une solution adéquate. Ainsi, si nous précisons que nous souhaitons vider la

1. Ingénieur polytechnicien, créateur du bilan carbone et fondateur de l'association The Shift Project.

baignoire sans détériorer celle-ci, l'option d'y faire un trou est immédiatement écartée. Henri Bergson disait à juste titre que *tout problème bien posé est à moitié résolu*. Son corollaire, version Albert Einstein, dit qu'*un problème sans solution est un problème mal posé*.

Vivre ensemble implique de résoudre des problèmes ensemble.
Poser correctement un problème requiert de partager un socle commun de réalités qui coïncide avec le réel.

… ancré dans le réel

Partager un socle commun de réalités, c'est quelque chose que nous faisons naturellement et automatiquement. C'est ce que nous appelons la réalité intersubjective. Celle-ci constitue la base de l'émergence ou de la constitution de tous groupes sociaux, quels qu'ils soient. C'est grâce aux croyances partagées au sein d'une communauté qu'existent des interactions entre ses membres et la conscience d'une appartenance commune.

Que les croyances soient réalistes importe peu. Pour fédérer les êtres humains autour d'un projet, d'une religion, d'une idéologie, d'une nation, d'un empire ou d'une civilisation, ce qui compte, c'est que tout le monde y croie, s'y conforme ou s'y soumette.

Le problème, c'est que l'impact de nos comportements sur notre environnement, s'il était négligeable autrefois, ne l'est plus du tout aujourd'hui. Pour ne citer que deux exemples indiscutables, nous sommes directement responsables de l'extinction de nombreuses espèces vivantes et de la création d'un septième continent de déchets plastiques.

Il n'est bien sûr pas question ici de se considérer coupable de quoi que ce soit. Il s'agit de voir les choses telles qu'elles sont et de prendre la pleine mesure de notre part de responsabilité, pas de culpabiliser. Et prendre nos responsabilités nous pousse inexorablement à nous remettre en question, à reconsidérer nos comportements à la racine même de ce qui les provoque, nos réalités intersubjectives. Comment ? En veillant à ce qu'elles s'ancrent dans le réel, à ce qu'elles coïncident avec le monde et ses phénomènes tels qu'ils sont réellement. Que ceux-ci soient physiques, chimiques, biologiques ou sociaux, nous devons mettre au premier plan de nos réflexions une attention juste à ce qu'ils sont, construire un socle de réalités intersubjectives qui repose sur le réel objectif.

Cela ne garantit pas de prendre de bonnes décisions, mais cela réduit considérablement le risque d'en prendre de mauvaises et augmente la probabilité d'obtenir les résultats escomptés. Rappelez-vous la presque lapalissade de Jean-Marc Jancovici : « *Quand vous tirez au hasard, la probabilité que vous atteigniez votre cible est extrêmement faible.* »

Un socle commun de réalités construit sur le réel consiste à se mettre d'accord sur ses contours en distinguant ce qui est connu, hypothétique et inconnu. Cela suppose de porter une attention juste aux choses telles qu'elles sont, et faire la part des choses entre des faits établis et des interprétations, suppositions, extrapolations, opinions, voire manipulations. Le temps et l'accumulation d'expériences jouent en faveur du réel qui, confronté à nos croyances, gagne à tous les coups. Par exemple, les lobbyistes de l'industrie du tabac ont remarquablement bien fait leur travail à partir des années 50 pour semer le doute sur les méfaits de la consommation de cigarettes. *Idem* pour l'alcool. Le réel est implacable, et les chiffres ne laissent pas la moindre place au plus petit doute. Le tabac et l'alcool nuisent à la santé et ravagent la vie de ceux qui les consomment de façon addictive. Les industries du tabac ont finalement été condamnées à de lourdes amendes pour avoir sciemment propagé de fausses informations et mis en danger la santé et la vie d'autrui.

Une fois qu'on a clairement défini les contours du réel et des problèmes qui, dans ce réel, se posent à nous, nous pouvons alors commencer à discuter des mesures à prendre pour résoudre les problèmes. Avant cela, on parle dans le vide et on produit du vent, pas des solutions. Sculpter l'air chaud peut donner lieu à des chorégraphies que certains pourraient trouver esthétiques, mais ce n'est certainement pas efficace. Les danses rituelles pratiquées pour faire tomber la pluie sont très intéressantes et agréables à regarder, produisent probablement des effets sur la cohésion sociale des groupes qui les pratiquent. Elles n'ont aucun effet (pour le moins scientifiquement démontré) sur la météo.

On a vécu des milliers d'années en se basant sur des socles communs de réalités hors-sol, que l'on sait aujourd'hui hors-sol. Des sacrifices humains aux bûchers de l'Inquisition, nos comportements ont été gouvernés par des croyances sans fondements réalistes. Les idéologies qui ne s'enracinent pas dans le réel sont vouées à disparaître, tôt ou tard, dans plus ou moins de souffrances. La question qui se pose à nous, à tous et à chacun, c'est : dans combien de temps, et au prix de combien de souffrances ?

Ce qui à mon avis peut accélérer le processus, c'est d'apprendre à se connecter au réel, c'est-à-dire d'apprendre à faire coïncider nos représentations du monde avec le monde tel qu'il est, ce qui est l'objet du prochain chapitre.

8

Comment se connecter au réel ? Accéder à la réalité du monde

Nous voilà outillés pour, à la lumière de ce que nous vivons, identifier les éléments de réalité de ce que nous sommes et faire coïncider un peu mieux les représentations que nous avons de nous-même avec la réalité de ce qui nous constitue, de ce qui nous a construit, de ce que nous portons, en un mot, de ce que nous sommes réellement. Porter une attention juste à ce que l'on est permet de faire des choix éclairés, plus centrés, ancrés dans et alignés à ce qui est profondément essentiel pour soi.

Mais nous ne sommes pas seuls. Nous partageons un espace commun avec d'autres, ce qui nous met au défi de définir et de partager un socle commun de réalités qui s'ancre dans le réel tel qu'il est. Autrement dit, nous devons veiller à faire coïncider les représentations que nous nous faisons du monde avec la réalité de ce qu'il est.

Comment accéder à la réalité du monde ?

La toute première chose à faire, c'est de distinguer clairement le réel objectif de notre réalité subjective. Les faits sont les faits. Ce que nous en percevons et ce que nous interprétons de ce que nous percevons correspond plus ou moins à ce qu'ils sont réellement. La carte que nous produisons rend plus ou moins bien compte du territoire que nous décrivons avec celle-ci. De notre interaction avec le monde découlent une multitude de mécanismes qui participent à notre façon de nous représenter le monde : observations, perceptions, sensations, impressions, interprétations, appréciations, évaluations, extrapolations, suppositions, sentiments, opinions, jugements, croyances, connaissances, affabulations…

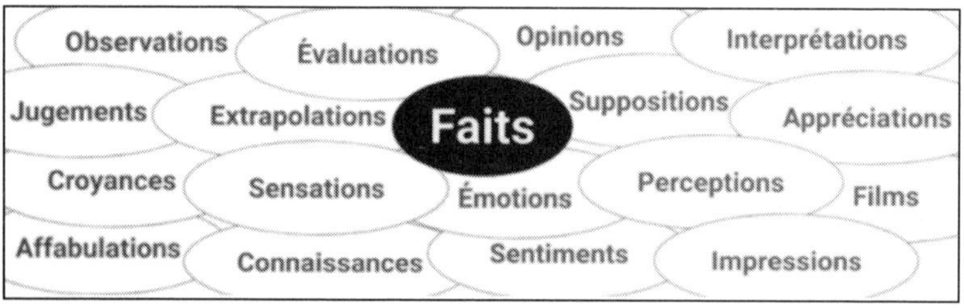

Il nous appartient de faire la part des choses et, entre autres, de ne pas prendre pour factuelle une supposition que nous faisons. Par exemple, il vous est probablement arrivé de dire d'un ami en retard à un rendez-vous : « Il a sûrement été pris dans les embouteillages. » Sûrement ? Vous êtes sûr ? « Probablement » aurait dans la plupart des cas été plus approprié. C'est d'ailleurs le terme que j'ai choisi pour présenter cet exemple.

Chacun de ces processus participe à la construction de nos représentations du réel. À nous de veiller à ce que cette représentation subjective coïncide avec le réel objectif.

Une supposition n'est ni vraie ni fausse en soi. C'est une supposition. Elle peut correspondre à la réalité, ou pas. Elle nous permet de boucher un trou et nous aide à prendre des décisions. Le danger, c'est de prendre notre supposition pour un fait, ce qui donne à notre décision une position plus radicale que si nous faisons la part des choses de façon nuancée.

Marie a peur pour ses enfants

La relation entre Marie et son mari s'est gravement détériorée ces dernières années, et Marie n'en peut plus. Elle souhaite divorcer mais elle ne veut pas infliger de souffrances à ses enfants. Elle suppose qu'ils seront très affectés par la séparation dont ils souffriront des conséquences morales et sociales. Le temps passant, les tensions se faisant de plus en plus intenses, le couple finit par divorcer. Lors d'une discussion avec ses enfants, Marie découvre qu'ils sont heureux de voir leurs parents mettre fin aux conflits incessants dont ils étaient témoins et se disent soulagés de ne plus avoir à subir les tensions provoquées par leurs disputes.

> *La supposition de Marie s'est révélée non seulement fausse, mais elle a eu pour conséquence de retarder l'échéance d'un divorce qui, sans cette supposition anxiogène, aurait eu lieu bien avant. Paradoxalement, la peur de faire souffrir ses enfants les a fait souffrir plus longtemps que si Marie avait pris la décision plus tôt.*

Nous ne voyons pas le monde tel qu'il est, nous le voyons tel que nous sommes. Nous nous le représentons à partir de nos observations, mais aussi et surtout selon nos interprétations, extrapolations et suppositions. Celles-ci nous permettent de boucher les trous, et ainsi, à défaut d'une image fidèle du réel, de s'en faire une image apparemment cohérente, ce qui nous permet de prendre des décisions avec un minimum de stress.

Lorsque nous nous trompons, c'est-à-dire que nous avons bouché un trou avec une information qui ne correspond pas au réel, celui-ci ne manque pas, tôt ou tard, de nous ramener vers lui. Aussi loin que nous allions en persistant dans notre erreur, le réel ne va pas changer pour s'accorder à notre représentation. Et c'est tant mieux !

Impression d'avoir raté la sortie d'autoroute

Trois amis roulent sur une autoroute pour se rendre à une compétition sportive. Ils discutent joyeusement lorsqu'ils arrivent à une sortie dont tous ont l'impression qu'elle se trouve après celle qu'ils devaient prendre. Ils se concertent rapidement et décident de quitter l'autoroute pour faire demi-tour. Les kilomètres défilant, ils commencent à douter pour finalement être certains de leur erreur. Ils refont demi-tour et arrivent à destination. Chacun connaissait le chemin pour l'avoir fait à plusieurs reprises. Le doute de l'un a semé le doute chez les autres. L'impression s'est transformée en certitude. Ce qui fait que, au lieu de sortir, de s'arrêter et de vérifier, ils sont partis en sens inverse. Les 25 kilomètres parcourus et les quinze minutes supplémentaires n'ont pas eu de conséquences. D'autant plus que, fort heureusement, aucun n'a dit « J'en mettrais ma main au feu ».

Corrélation n'est pas causalité

Nous avons besoin de faire des prédictions crédibles afin de prendre des décisions les plus pertinentes possible. Crédibles ? En fait, plus ou moins. Nous avons surtout besoin d'y croire, et c'est parce que nous y croyons qu'elles sont crédibles. Le réel est tel qu'il est, ni crédible, ni incroyable, il est. Et nous nous le représentons à partir de ce que nous sommes et d'où nous sommes. Connaître et comprendre les mécanismes qui participent à la production des films intérieurs constituant notre réalité nous aide à réduire le décalage entre réel et représentation, ce qui, vous l'avez compris, est un peu l'objet de ce livre.

Par exemple, il convient de savoir que corrélation n'est pas causalité. Ce n'est pas parce qu'il y a des grenouilles après la pluie que l'on peut dire qu'il a plu des grenouilles. Ce n'est pas parce qu'il y a des personnes qui meurent à l'hôpital qu'il est dangereux de s'y rendre. Même si cela marche souvent, une corrélation nous donne des indices sur une possible cause. Il convient de les vérifier. Comment? En activant le système 2 de la pensée, ce qui nous évite de tomber dans les pièges du système 1, les biais cognitifs (voir chapitre 4 p. 118), et d'attribuer à tort des causes à des effets.

Un sol mouillé nous informe en tout premier lieu que… le sol est mouillé. La pluie, un système d'arrosage automatique, un geyser, une bonbonne d'eau tombée d'un camion peuvent en être la cause. Pour le savoir, il convient d'investiguer davantage afin d'éliminer les moins probables et d'identifier les plus probables. Dans quel environnement sommes-nous? Est-ce mouillé partout ou localement? De quelle couleur est le ciel?

Cet exemple est trivial, mais la même logique s'applique à des situations très diverses et plus subtiles. Nous établissons constamment, de façon consciente ou inconsciente, des suppositions, extrapolations, interprétations à partir de corrélations que nous faisons entre des causes supposées et des effets constatés. « Homme en retard, liaison dans l'tiroir », disait Josiane Balasko, *alias* madame Musquin dans le film *Le Père Noël est une ordure*.

> **_Corrélation n'est pas causalité_**
>
> *Ce n'est pas parce que deux courbes se ressemblent qu'il y a un lien entre elles. Je vous invite à visiter le site de Tyler Vigen qui s'est amusé à montrer des corrélations spectaculaires, des courbes qui se ressemblent beaucoup, entre des événements qui n'ont, à l'évidence, aucun lien de causalité entre eux. Comme par exemple le taux de divorces et la consommation de margarine dans l'État du Maine aux USA, ou encore entre le nombre de morts par noyade et le nombre de films avec Nicolas Cage.*
> *(https://www.tylervigen.com/spurious-correlations)*

Se méfier de nos sens et du bon sens

Ce n'est pas parce que nous l'avons vu que ce que nous décrivons de ce que nous voyons correspond bien au réel. Nous l'avons démontré, nos sens et notre cerveau nous jouent des tours. Porter une attention juste aux choses, et donc nous en faire une représentation fidèle, nous demande de faire l'effort de penser au-delà de ce que nous percevons, voire à l'encontre de ce que nous observons et des déductions auxquelles le « bon sens » nous amène.

Le bon sens de la chute des corps

Selon Aristote[1], plus un corps est massif, plus il tombe vite. Cette loi a fait autorité pendant des siècles. Elle est pleine de bon sens, intuitive, pourrait-on dire, et se trouve conforme à la plupart des observations. Une pierre tombe effectivement plus vite qu'une plume. Et pourtant, cette «loi pleine de bon sens» est fausse.

C'est en 1604 que Galilée[2] a démontré, grâce à une célèbre expérience de pensée[3], qu'en réalité tous les corps tombent à la même vitesse dans le vide. Cela à une époque où l'on ne savait pas faire le vide, d'où le recours à l'expérience de pensée, et où, pour pimenter l'exercice, il était dangereux de faire des découvertes pouvant remettre en question les dogmes religieux. Galilée a d'ailleurs eu maille à partir avec les tribunaux de l'Inquisition dès 1610.

On ne voit pas le monde tel qu'il est, on le voit tel qu'on se le représente, et on se comporte conformément à ses propres représentations, même si celles-ci ne coïncident absolument pas avec le monde tel qu'il est réellement. Pour ne pas finir sa vie sur un bûcher en flammes, comme ce fut le cas le 17 février 1600 pour Giordano Bruno qui avait eu l'outrecuidance

---

1. Aristote (384-322 av. J.-C.) philosophe grec, disciple de Platon.
2. Galileo Galilei, dit Galilée (1562-1642), père de la physique dite moderne.
3. Voir La chute des corps expliquée par Étienne Klein – «Matière à contredire», https://youtu.be/dlDWHIX-c5M

de déclarer, entre autres, « qu'il existe une infinité de terres, une infinité de soleils et un éther infini », Galilée dut se rétracter, là encore entre autres, sur sa proposition que la Terre tourne autour du Soleil et non l'inverse. Le réel étant particulièrement tenace et insensible aux histoires que se racontent les êtres humains à son sujet, la connaissance gagnant au fil des siècles du terrain sur l'ignorance et le mysticisme, l'Église catholique reconnut en 1992 les erreurs des théologiens de l'époque dans l'affaire de Galilée.

Il s'avère que même si le modèle de Galilée sur la chute des corps est beaucoup plus fiable que celui d'Aristote, trois siècles plus tard, Albert Einstein a proposé un modèle révolutionnaire encore plus précis du phénomène gravitationnel. Il publie en 1915 sa théorie dite de la relativité générale.

Plus c'est lourd, plus ça tombe vite ?

À l'instar de la chute des corps, l'observation et le bon sens ne sont pas toujours efficaces pour décrire le réel et ses phénomènes. Tous les corps tombent à la même vitesse, quelle que soit leur masse… ce qui n'est pas ce que l'on voit. Tous les corps tombent à la même vitesse dans le vide. La résistance de l'air, la poussée d'Archimède, d'autres phénomènes font que nous voyons une plume tomber moins vite qu'une bille de plomb.

Il faut parfois penser contre son cerveau, à l'encontre des observations et du « bon sens », pour produire des cartes qui coïncident avec le territoire.

Nos cartes s'affinent et coïncident de plus en plus avec le réel. Avec la relativité générale, c'est un changement radical de cartes qui a été fait. Les corps ne s'attirent plus selon les forces d'attraction telles que décrites par les lois de Newton, leurs trajectoires relatives sont affectées par la déformation de la structure de l'espace-temps dans lequel ils évoluent, espace-temps qu'ils déforment par leur simple présence. Je sais, dit comme cela, c'est un peu ardu à comprendre. Prenons un exemple simple pour illustrer la différence entre ces deux cartes qui parlent du même phénomène de deux façons radicalement différentes.

Dans le cadre newtonien, le Soleil crée un champ de gravitation autour de lui. Étant dans son voisinage, la Terre subit une force qui, compte tenu de son mouvement (sa vitesse et sa direction), lui donne la trajectoire elliptique qu'elle a autour du Soleil.

Dans le cadre de la relativité générale, le Soleil déforme l'espace-temps autour de lui. La Terre a un mouvement inertiel, c'est-à-dire qu'elle se déplace en ligne droite. Mais dans un espace courbé, les lignes droites sont des lignes courbes. Aller tout droit de Paris à Tokyo en passant par la surface de la Terre nous fait décrire une trajectoire courbe qui, si nous continuons toujours tout droit, nous fera faire le tour de la Terre et revenir à Paris, notre point de départ. Ainsi, la Terre, dans son mouvement autour du Soleil, ne subit aucune force, elle va tout droit dans l'espace-temps déformé par la présence du Soleil, ce qui la fait tourner autour du

Soleil. Et c'est la même chose pour la Lune qui tourne autour de la Terre.

Un territoire, deux cartes
Un phénomène, deux modèles théoriques
Un réel objectif, deux réalités subjectives

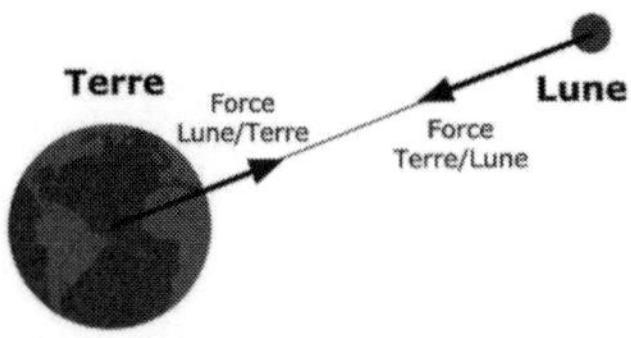

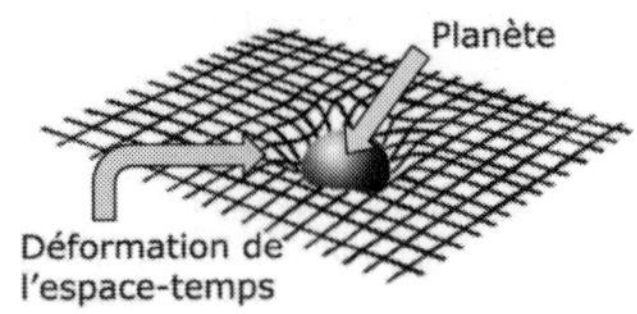

Loi de Newton
Le mouvement relatif des objets est décrit par des forces d'attraction entre les objets.

Relativité générale
Le mouvement relatif des objets est décrit par la déformation de l'espace-temps induite par les objets.

Nous avons là deux modèles théoriques – deux cartes – fondamentalement différents qui décrivent le même phénomène, le même territoire. Autrement dit, nous avons deux représentations subjectives qui décrivent une même réalité objective. La seconde décrit plus fidèlement, et surtout beaucoup plus précisément, ledit réel qu'elle représente.

Lire les cartes dans le bon sens

Si produire des représentations d'un territoire nous demande parfois de réfléchir à l'encontre de notre bon sens, il convient toutefois de veiller à lire les cartes positionnées dans le bon sens. Cela semble aller de soi, et pourtant.

À l'instar des pseudosciences[1], certaines connaissances solidement établies sont détournées pour soutenir des croyances ou des idéologies hors-sol. Les cas sont légion et la vigilance est de mise. Attention aux arguments dits scientifiques, mais qui ne correspondent pas aux critères de la démarche scientifique, et qui sont donc indûment qualifiés ainsi. L'argument « scientifiquement prouvé » ne tient que si des études sérieuses ont été menées. Et encore, il ne tient que dans le cadre de ce qui a été étudié. Ce qui marche pour des crevettes ne marche pas forcément pour des crocodiles. Attention également aux arguments réellement scientifiques mais qui sont en réalité un détournement de résultats validement obtenus dans un contexte et indûment utilisés dans un autre. Il ne vous viendrait pas à l'idée d'utiliser un plan des rues de Paris pour vous orienter à Londres ou à Madrid? C'est pourtant ce que font certaines personnes avec la physique quantique invoquant cette

1. Du grec ancien ψευδής (« faux », « trompeur », « mensonge ») et du latin *scientia* (« savoir ») une pseudo-science est une discipline qui est présentée sous des apparences scientifiques ou faussement attribuée à la science, mais qui n'en a ni la démarche, ni la reconnaissance.

science pour expliquer « comment réussir dans la vie », « comment multiplier ses résultats par 100 », « l'origine de nos douleurs », faire des soins, de la méditation, ou que sais-je encore.

La physique quantique, ensemble des théories physiques qui décrivent le comportement des atomes et des particules, est un exemple particulièrement spectaculaire. C'est la science la plus prédictive au monde. On fait une prédiction avec 10 chiffres après la virgule, on fait l'expérience, on mesure et on trouve les 10 chiffres. Aucune autre discipline n'est aussi précise que la physique quantique pour prédire un phénomène. Autrement dit, les cartes de la physique quantique sont spectaculairement précises et fiables… pour décrire le réel à l'échelle de l'atome, et non pas à notre échelle afin d'expliquer, comme certains le prétendent, nos comportements, notre psychologie, nos malaises, ou encore pour attirer tout ce que l'on désire dans sa vie.

Attention aux charlatans[1] qui nous enfument avec de bonnes cartes que nous n'avons pas le bon sens de vérifier qu'elles sont bien dans le bon sens[2].

Prendre les bonnes cartes… mais aussi, veiller à les lire dans le bon sens.

1. Imposteurs qui exploitent la crédulité publique.
2. C'est normal si vous relisez cette phrase plusieurs fois !

On ne peut pas tout savoir, et pourtant…

On ne peut pas tout savoir, mais on a besoin de prendre position sur tout. D'ailleurs, que nous le voulions ou non, nous nous positionnons constamment sur tout.

Notre façon de consommer, de conduire, de voyager, de communiquer, d'interagir avec les autres et notre environnement, sont l'expression de nos positionnements. Nos comportements sont la conséquence visible de ces positionnements. Qu'ils soient réfléchis et volontaires, ou qu'ils soient réactifs ou automatiques et subis, nos positionnements sont l'expression de ce que nous sommes, de ce que nous manifestons de ce que nous sommes. Que ce soit dans l'ignorance totale, dans la dissonance cognitive, ou en parfaite connaissance des causes et des effets, nous nous positionnons.

Que nous le voulions ou non, nous nous positionnons constamment sur tout. Que ce soit dans l'ignorance totale, dans la dissonance cognitive, ou en parfaite connaissance des causes et des effets, nous nous positionnons.

Dans les pays démocratiques, les citoyens sont régulièrement appelés aux urnes pour se positionner par rapport aux choix d'orientation politique du pays, de leur région, de leur commune. Faut-il ou non développer l'industrie nucléaire? Les OGM? Le réseau 5G? Combien savent de quoi il s'agit, sont correctement informés des tenants et des aboutissants, se font une représentation fidèle du sujet, du contexte, des enjeux?

La manipulation des informations permet la manipulation des individus. En effet, manipuler l'information agit directement sur les représentations que les individus au contact de cette information vont produire. Plus un individu est perméable aux informations, sans filtre critique de celles-ci, plus il va être influençable. On peut être dans l'illusion de liberté, persuadé de penser par soi-même, alors que nous sommes manipulés par ceux qui nous abreuvent d'informations de toutes parts. Et cette manipulation peut aussi bien être réfléchie, calculée, volontaire (c'est le cas des publicitaires, des propagandistes et autres professionnels du marketing), qu'involontaire, irréfléchie, automatique. Tout influence tout. Il convient de savoir comment ces influences fonctionnent sur nous et ce qui les gouverne.

Par exemple, parmi les antinucléaires, certains avancent l'argument que cette industrie est délétère pour le climat. Or, les centrales électriques nucléaires sont celles qui émettent, et de très loin, le moins de CO_2, ce qui place la France dans les pays les moins émetteurs de gaz à effet de serre du monde pour ce qui est de la production d'électricité. L'énergie nucléaire présente des inconvénients, en particulier en termes de gestion des déchets, mais pas celui d'influer négativement sur le climat, au contraire. Et pourtant, le vote de ce militant compte autant que le vote de celui qui est correctement informé, qui sait que l'énergie nucléaire a un faible impact sur le changement climatique en termes d'émission de gaz à effet de serre. Dans cet exemple, le pire n'est pas l'ignorance du militant. Car s'il était ignorant et qu'il devait prendre une décision, il pourrait entreprendre de s'informer. Le pire, ici, c'est l'illusion de connaissance, la conviction que son point de vue repose sur une connaissance vraie.

L'illusion de connaissance est pire que l'ignorance. Lorsqu'on est ignorant et que l'on doit prendre une décision, on va faire le nécessaire pour s'informer. Celui qui, à tort, croit savoir, va prendre une décision sur la base de fausses informations, va choisir une orientation à partir d'une carte erronée.

Si nous devons choisir entre faire une activité de plein air ou d'intérieur, nous avons besoin de savoir le temps qu'il va faire. En effet, en cas de pluie, le choix s'orientera vers une activité à l'intérieur. Nous allons donc naturellement chercher l'information qui va nous permettre de prendre une décision pertinente parce qu'éclairée par la connaissance fiable des paramètres. Que ce soit en regardant par la fenêtre ou en consultant les prévisions météo du jour, nous nous informons avant de décider. Une information erronée risque de nous faire prendre une mauvaise décision.

Jacques est un joueur de tennis passionné. En cette période pluvieuse, il profite d'un après-midi ensoleillé pour se rendre à son club de tennis préféré dans lequel il a réservé un court afin de jouer un match avec son ami Paul. Arrivé sur place, il trouve les terrains impraticables. Les fortes pluies de la nuit ont imbibé le sol en terre battue qui n'a pas encore eu le temps de sécher. Impossible de jouer. La décision de Jacques s'est faite sur la base d'informations pertinentes – il ne pleuvait pas et le court était disponible –, mais incomplètes – les terrains sont impraticables. Le manque d'informations ou la non-prise en compte d'un des détails fins de la carte, ici la praticabilité des terrains de tennis, a fait prendre une mauvaise décision à Jacques.

Si Jacques avait appelé et qu'on lui avait dit, à tort, qu'il était possible de jouer, il aurait alors pris sa décision non pas sur la base d'informations incomplètes, mais fausses. Ce qui finalement revient strictement au même en termes de décision prise sur la base de la représentation que nous nous faisons. Que celle-ci soit décalée du réel par ignorance, par incomplétude, ou par erreur – la sienne ou celle induite par les autres –, c'est le décalage qui nous fait prendre une mauvaise décision. Pas ce qui a contribué au décalage mais bien le décalage lui-même. Celui qui nous a induit en erreur en proférant un mensonge porte la responsabilité du mensonge.

Nous portons la responsabilité de lui avoir donné du crédit, nous portons la responsabilité de l'avoir cru.

Cette distinction dans la part de responsabilité de chacun est très importante. Ce sera pour certains une prise de conscience qui leur permettra de reprendre la télécommande de leur existence en réduisant considérablement l'emprise que peuvent avoir imposteurs, affabulateurs, manipulateurs de tout poil.

Le menteur a la responsabilité de son mensonge, le crédule a celle de lui avoir donné crédit, de l'avoir cru.
Prendre pleinement sa part de responsabilité, c'est reprendre la télécommande de sa vie.

Développer son esprit critique réduit les risques de se faire berner, de donner du crédit à des sources peu fiables, à des arguments faibles ou fallacieux, à des preuves qui n'en sont pas.

La vertu est double car non seulement nous ne nous faisons pas rouler par des *fake news*, mais nous cessons également de les propager. Les *fake news* sont un peu comme des virus. Elles se propagent dans la population de proche en proche, et à une vitesse faramineuse à l'ère des réseaux sociaux. Une étude parue dans *Science*[1]

1. « *The spread of true and false news online* », article en anglais, https://www.science.org/doi/full/10.1126/science.aap9559

a montré qu'une fausse nouvelle se propage sur Twitter « significativement plus loin, plus vite, plus profondément et plus largement que la vérité dans toutes les catégories d'information ». C'est terrifiant. Il est urgent de s'immuniser contre ce fléau. Les pouvoirs publics y travaillent. Les acteurs économiques disent y travailler aussi, mais les mesures qu'ils devraient prendre iraient probablement à l'encontre de leurs intérêts économiques. En effet, le modèle économique des réseaux sociaux repose sur l'activité entre les membres du réseau. Une *fake news* génère beaucoup d'activités, et donc des retombées sonnantes et trébuchantes. Ainsi n'est-il pas vraiment dans leur intérêt de réguler un tel phénomène… à moins que ledit phénomène ne génère davantage de coûts que de bénéfices.

Développer son esprit critique réduit les risques de se faire berner, de donner du crédit à des sources peu fiables, à des arguments faibles ou fallacieux, à des preuves qui n'en sont pas. La vertu est double car non seulement nous ne nous faisons pas berner par des *fakes news*, mais nous cessons également de les propager.

Il convient de souligner que le premier acteur d'un tel phénomène, c'est l'individu. La réalité intersubjective n'existe que parce que des individus en nombre suffisant la font exister. Les croyances qui faisaient construire des pyramides en Égypte antique ont aujourd'hui disparu et l'on n'enterre plus les chefs d'État dans de tels édifices. Toutefois, elles sont rapidement remplacées par d'autres, et là où l'on célébrait autrefois Râ, Isis et Osiris, on célèbre aujourd'hui Yahvé, Jésus et Allah.

Les croyances collectives ne sont ni bonnes, ni mauvaises en soi. Elles font partie du décor. De la même façon qu'un individu ne peut pas se soustraire au mécanisme de création de représentation, les croyances collectives sont inhérentes à l'espèce humaine, elles participent à la constitution d'un corps social et elles émanent de ce même corps social.

De la même manière qu'un individu est à la fois construit par des croyances et produit ses propres représentations, ses propres croyances, un groupe social produit et se construit aussi à partir de croyances collectives. La production de nouvelles croyances peut provoquer des schismes dont émanent de nouveaux groupes sociaux. On retrouve ce phénomène dans toutes les religions. Par exemple et pour n'en citer que deux, nous avons les catholiques, protestants, orthodoxes chez les chrétiens, et les sunnites, les chiites, les zaydites et les ibadites pour les musulmans[1]. Et les partis politiques ne sont pas en reste.

---

1. Quatre courants reconnus par la déclaration de La Mecque en 2005 https://fr.wikipedia.org/wiki/Courants_de_l % 27islam

C'est un fonctionnement inhérent à l'espèce humaine qui évolue dans l'écosystème que nous appelons la Terre. Elles ont la vertu de fédérer et de contribuer à la construction sociale de nos communautés, pour le meilleur… et pour le pire.

Avoir un esprit critique, savoir faire la part des choses et démêler le vrai du plus ou moins probable et du faux dans la soupe d'informations, d'opinions, de suppositions, d'interprétations, d'affabulations, de délire parfois, dont nous sommes constamment abreuvés, c'est en quelque sorte développer son système immunitaire cognitif.

… alors, comment faire ?

Que faire concrètement pour renforcer son système immunitaire rationnel et ne pas (trop) prendre des vessies pour des lanternes, pour faire en sorte que nos cartes représentant le monde et ses phénomènes coïncident avec le monde tel qu'il est ? Comment faire pour discriminer le vrai du faux ? L'authentique du *fake* ? La croyance de la connaissance ? L'information de l'opinion ? Le factuel du *bullshit* ?

La dent d'or de Fontenelle

«*Assurons-nous bien du fait avant de nous inquiéter de la cause.*» Tel est le message plein de sagesse que Bernard Le Bouyer de Fontenelle[1] nous fait passer dans le récit de «La dent d'or», extrait de son livre *Histoire des oracles*. Il y raconte l'histoire fictive d'une dent en or trouvée parmi les dents qu'un enfant âgé de sept ans avait perdues. Plusieurs savants de l'époque (fin du XVIe siècle) se penchèrent sur le phénomène, chacun donnant des explications agrémentées de son sentiment personnel. Jusqu'au jour où la dent fut examinée par un orfèvre qui constata qu'elle n'était pas en or mais qu'il s'agissait d'une dent tout à fait normale sur laquelle une feuille d'or avait été soigneusement appliquée.

Ainsi, les savants se sont-ils couverts de ridicule à expliquer un phénomène avant de vérifier l'existence du phénomène, à expliquer pourquoi et comment un enfant avait pu produire une dent en or avant de vérifier si cette dent en or existait vraiment et provenait bien en l'état de la bouche de l'enfant.

Il conclut son récit en écrivant : «*Cela veut dire que non seulement nous n'avons pas les principes qui mènent au vrai, mais que nous en avons d'autres qui s'accommodent très bien avec le faux.*» Autrement dit, nous n'avons pas les réflexes qui permettent de contrôler la

1. Bernard Le Bouyer de Fontenelle (1657-1757), écrivain, dramaturge et scientifique français, précurseur des philosophes du XVIIe siècle.

véracité des affirmations, mais, en plus, nous nous accommodons fort bien des mensonges. Voilà qui s'applique encore aujourd'hui de façon criante en ces temps de post-vérité où l'effet d'une information importe plus que sa véracité.

Comment se connecter au réel ?

Commençons par vérifier la réalité des faits, des événements, des phénomènes, avant de nous préoccuper de la cause de ces faits, événements ou phénomènes.

Comment se connecter au réel ?
Commençons par vérifier la réalité des faits, des événements, des phénomènes, avant de nous préoccuper de la cause de ces faits, événements ou phénomènes.

De la dent de Fontenelle à la théière de Russell, contrairement aux apparences, il n'y a qu'un pas que je m'empresse de faire.

La théière de Russell

Bertrand Russell[1] a utilisé une analogie pour illustrer qu'il n'appartient pas au sceptique de croire une affirmation extraordinaire, mais que c'est à celui qui la profère d'apporter des preuves suffisamment solides.

1. Bertrand Arthur William Russell (1872-1970) est un mathématicien, logicien, philosophe, épistémologue, homme politique et moraliste britannique.

Autrement dit, il ne faut pas inverser la charge de la preuve.

Voici ce que Russell a écrit[1] : «*De nombreuses personnes orthodoxes parlent comme si c'était le travail des sceptiques de réfuter les dogmes plutôt qu'à ceux qui les soutiennent de les prouver. C'est bien évidemment une erreur. Si je suggérais qu'entre la Terre et Mars se trouve une théière de porcelaine en orbite elliptique autour du Soleil, personne ne serait capable de prouver le contraire pour peu que j'aie pris la précaution de préciser que la théière est trop petite pour être détectée par nos plus puissants télescopes. Mais si j'affirmais que, comme ma proposition ne peut être réfutée, il n'est pas tolérable pour la raison humaine d'en douter, on me considérerait aussitôt comme un illuminé. Cependant, si l'existence de cette théière était décrite dans des livres anciens, enseignée comme une vérité sacrée tous les dimanches et inculquée aux enfants à l'école, alors toute hésitation à croire en son existence deviendrait un signe d'excentricité et vaudrait au sceptique les soins d'un psychiatre à une époque éclairée, ou de l'Inquisiteur en des temps plus anciens.*»

Vous l'avez compris, Russell était particulièrement critique vis-à-vis des religions, mais son histoire s'applique à toutes les affirmations extraordinaires. C'est à celui qui les profère de les étayer de preuves

1. Extrait de «*Is there a God?*», texte soumis mais non publié par *Illustrated Magazine* en 1952.

solides, et pas le contraire. Les affirmations extraordinaires demandent des preuves extraordinaires.

De surcroît, croire en quelque chose et arguer de l'impossibilité de prouver son inexistence pour valider sa croyance est insensé. Tu crois qu'une théière tourne en orbite autour du Soleil, et si je ne te prouve pas que tu as tort, alors tu as raison ? C'est exactement le contraire qu'il convient de faire. Si tu ne me prouves pas que tu as raison, j'ai raison de ne pas te croire. Ce qui est affirmé sans preuve peut être rejeté sans preuve.

Comment se connecter au réel?
Les affirmations extraordinaires demandent des preuves extraordinaires.
Ce qui est affirmé sans preuve peut être rejeté sans preuve.

Il y a encore moins de distance entre la théière et le rasoir qu'entre la dent et la théière. Jugez-en par vous-même !

Le rasoir d'Ockham

Guillaume d'Ockham, philosophe anglais du XIVe siècle, a formulé un principe de raisonnement qui aujourd'hui porte son nom, le rasoir d'Ockham. Rasoir fait ici référence au sens philosophique du terme « raser », à savoir « éliminer des explications improbables d'un phénomène ».

«*Pluralitas non est ponenda sine necessitate*» – «Les multiples ne doivent pas être utilisés sans nécessité». Autrement dit, il convient de ne pas invoquer plus de paramètres que nécessaire pour expliquer un phénomène.

Si une plume tombe moins vite qu'une pierre, privilégier l'explication à partir de ce qui existe déjà (les conditions de lancé des objets, leur forme et caractéristiques physiques, le contexte) par rapport à celle qui invoque des paramètres supplémentaires (un lutin qui retient la plume ou Dieu qui dans son horreur du vide agit sur les objets).

Il existe de nombreuses variantes de ce principe, en voici quelques-unes :

Le principe de simplicité.

Le principe de parcimonie.

Le principe d'économie.

Les hypothèses suffisantes les plus simples doivent être préférées.

L'explication la plus simple est généralement la bonne.

Ou encore

Pourquoi faire compliqué quand on peut faire simple ?

Si ce principe ne nous aide pas à établir des cartes fiables, il nous aide à ne pas en établir avec une surcharge de détails hors-sol qui transforment, voire qui occultent, les détails fins du réel. Avant d'invoquer le karma, l'alignement des planètes, l'intervention d'un ange ou du démon, il convient de vérifier que le phénomène ne peut pas s'expliquer de façon simple.

Notez bien que je ne dis pas que le karma, les anges ou les démons n'existent pas. À l'instar de la théière de Russell, on ne peut pas prouver leur inexistence. Je ne sais pas si cela existe et je n'écarte pas l'hypothèse de leur existence. Je dis simplement que, avant de les invoquer pour expliquer ce qu'il nous arrive, il convient de prendre en compte les éléments de réalité tangible et le corpus de connaissances fiables que nous avons construit au fil des siècles. Là où l'on attribuait autrefois aux dieux le pouvoir de faire tomber la pluie ou de provoquer des éclipses, nous nous appuyons aujourd'hui sur nos connaissances scientifiques pour expliquer ces phénomènes.

Le rasoir d'Ockham nous ferait attribuer la cause de la rencontre avec l'amour de sa vie au hasard. Sans le rasoir d'Ockham, nous pourrions, pour donner du sens et expliquer cette rencontre, invoquer la puissance cosmique de l'alignement de planètes, la loi d'attraction spirituelle, ou les effets d'un sort jeté par le marabout grand maître de l'amour que nous avons consulté la veille.

Les rencontres peuvent se produire par hasard. Eh oui ! Ça arrive ! En revanche, ce qui n'est pas un hasard (ou beaucoup moins), c'est le sens que nous allons lui donner, c'est le film que nous allons nous faire de l'événement, film qui n'est pas le produit du hasard puisque produit par notre équipe interne de scénariste, graphiste, metteur en scène, narrateur et autres acteurs de notre cinéma intérieur. Je vous recommande d'ailleurs l'excellent livre de Lionel Naccache, neurologue et spécialiste des neurosciences cognitives, *Le Cinéma intérieur, projection privée au cœur de la conscience*[1].

Si les rencontres peuvent se faire par hasard, les effets que celles-ci ont sur nous, c'est-à-dire la façon dont nous sommes impactés et les comportements que cela provoque, eux, ne sont pas le fruit du hasard. Ils nous parlent de nous-même, et pour savoir ce que cela nous dit, je vous invite à relire et à mettre en pratique le chapitre 6, « Comment se connecter au réel ? Accéder à la réalité de soi-même ».

Ainsi, le rasoir d'Ockham nous invite-t-il à privilégier, de deux explications d'un phénomène, celle qui fait appel au nombre minimum d'hypothèses et à n'invoquer des principes hors d'un corpus de connaissances solidement établi que si toute autre explication fait défaut. Il est inutile d'avoir recours à une explication compliquée faisant appel à des hypothèses invérifiables, quand existe une explication plus simple et vérifiable.

---

1. Lionel Naccache, *Le Cinéma intérieur*, Odile Jacob, 2020.

Comment se connecter au réel?
Les explications les plus simples
sont *a priori* les plus crédibles.
Face aux explications complexes et invérifiables,
il convient de privilégier les hypothèses les plus
simples sans invoquer de paramètres cachés.

Et, parfois, il n'y a pas d'explication ! Il vaut mieux reconnaître et accepter son ignorance que de boucher les trous avec ce n'importe quoi auquel nous avons grande facilité de croire.

Mettons de côté les ustensiles de cuisine et de salle de bains, et penchons-nous sur ce qui est au cœur de la discrimination des informations que nous allons utiliser pour construire les représentations que nous nous faisons du monde, l'esprit critique.

L'esprit critique

Accéder à la réalité du monde, c'est produire des cartes mentales du monde qui correspondent au monde tel qu'il est. L'esprit critique, c'est ce qui nous permet de filtrer les informations, tant celles que nous recevons de l'extérieur que celles que nous produisons intérieurement. L'esprit critique, c'est en quelque sorte ce qui permet d'augmenter la quantité et la fiabilité des briques constitutives de son édifice cognitif de représentation. Pour reprendre l'image du cinéma intérieur, c'est ce qui affine la qualité et la pertinence des images constitutives du film que l'on se fait sur le monde et ses phénomènes.

L'esprit critique est donc un élément crucial, et il y a beaucoup à dire sur le sujet. Je vais essayer d'être synthétique, et surtout pragmatique, afin que vous puissiez appliquer facilement les 20 % de ce qu'il faut savoir pour obtenir 80 % d'efficacité dans la mise en pratique des clés proposées ici.

Sous la direction d'Elena Pasquinelli et de Gérald Bronner, un groupe de travail du Conseil scientifique de l'Éducation nationale s'est penché sur la question de l'éducation à l'esprit critique. En effet, *face aux défis majeurs de santé publique, de développement durable et d'information de masse, il est nécessaire d'être capable de distinguer les connaissances et les opinions, mais aussi de différencier les informations qui méritent notre confiance de celles qui ne présentent pas de garanties suffisantes de fiabilité. […]* Ainsi, *pour répondre aux défis sociétaux et aux besoins de l'individu face à la connaissance, notre système éducatif doit être en mesure de développer les capacités de l'esprit critique des élèves de façon appropriée et d'identifier, scientifiquement, les meilleurs moyens d'atteindre ce développement* [1].

---

1. « Éduquer à l'esprit critique. – Bases théoriques et indications pratiques pour l'enseignement et la formation », Réseau Canopé.

C'est, entre autres, sur la base des résultats de leurs travaux que j'ai rédigé ce qui suit.

Esprit critique : de quoi s'agit-il et que faire ?

Voici la définition proposée par le groupe de travail mentionné plus tôt :

Définition :
L'esprit critique est la capacité à ajuster son niveau de confiance de façon appropriée selon l'évaluation de la qualité des preuves à l'appui et de la fiabilité des sources[2].

Ce qui se traduit concrètement par un certain nombre de réflexes visant à évaluer qualité des preuves et fiabilité des sources. Dans la pratique, cela amène à se poser les questions suivantes :

1. E. Pasquinelli, M. Farina, A. Bedel, R. Casati, « Définir et éduquer l'esprit critique », Rapport produit dans le cadre des travaux du Work Package 1/Projet EEC – Éducation à l'esprit critique (ANR-18-CE28-0018).

Questions clés de l'esprit critique

- **Est-ce que l'information en question est appuyée par des arguments convaincants ?**
- **Est-ce qu'elle est cohérente avec des connaissances solidement établies ?**
- **Est-ce qu'elle est étayée par des preuves ? S'agit-il de preuves de bonne qualité, obtenues par des méthodes rigoureuses, qui permettent d'être aussi objectif que possible ?**
- **Est-ce que la source de l'information est bien identifiable ?**
- **Est-ce qu'on peut raisonnablement exclure que la source a un conflit d'intérêts avec le contenu, ou qu'elle agit avec la volonté de nous tromper ?**
- **S'agit-il d'une source compétente en la matière ?**

Un examen rapide et rigoureux (même si la rigueur requiert parfois de prendre le temps, et donc n'est pas rapide) nous prémunit de douloureuses déceptions, de contrariantes déconvenues, voire de prendre de mauvaises décisions aux conséquences catastrophiques.

Ni tout blanc, ni tout noir

Henri Poincaré disait : « *Douter de tout, ou tout croire, sont deux solutions également commodes, qui l'une comme l'autre nous dispensent de réfléchir.* » L'esprit critique est ici précieux car il nous permet de pondérer nos croyances, il nous aide à savoir quand nous pouvons faire confiance et croire, et quand, inversement, il convient de douter. En effet, l'esprit critique, dont nous sommes naturellement dotés dès le plus jeune âge, nous permet de nuancer nos croyances, nos représentations, ce qui nous prémunit du tout blanc ou tout noir, du doute radical et de la totale crédulité.

Dans son livre *Votre cerveau vous joue des tours*, Albert Moukheiber suggère d'attribuer un pourcentage de fiabilité à la connaissance que nous avons d'un sujet donné. En adoptant un mode de pensée graduel (j'en sais beaucoup/j'en sais peu), il nous est plus facile de savoir quand douter et quand se faire confiance qu'avec un mode de pensée binaire (je sais/je ne sais pas)[1].

Exercer son esprit critique, ce n'est pas tout critiquer, mais c'est savoir accorder sa confiance à bon escient.

Ainsi, plutôt que de dire que l'on croit ou pas à quelque chose, nous pourrions évaluer le degré de confiance que nous portons à une opinion. Je crois à 99,99 % que la Terre est ronde[2] et à 0,01 % que les rituels du marabout grand maître de l'amour ont un effet direct[3] sur la rencontre de l'être aimé.

1. Albert Moukheiber, *Votre cerveau vous joue des tours*, Allary, 2019.
2. À l'approximation près de l'aplatissement au niveau des pôles et du relief de sa surface.
3. Hors effet placebo.

S'attacher aux raisons de croire plutôt qu'aux croyances

Pour ce qui est de la rotondité de la Terre, je pourrais également le formuler ainsi : je crois à 100 % que la Terre est ronde, jusqu'à preuve du contraire. Attention, jusqu'à preuve du contraire ne signifie pas que je laisse la place au moindre doute car la rotondité de la Terre est pour moi une certitude. Cela signifie que je reste ouvert à la présentation de preuves qui pourraient remettre en question cette croyance élevée au rang de connaissance, puisque ce modèle de représentation coïncide parfaitement avec l'objet qui est représenté. En effet, celle-ci repose sur un faisceau de preuves très solides. Du calcul de sa circonférence par Ératosthène au IIIe siècle av. J.-C. aux photos satellites de la Nasa, les expériences attestant de la rotondité de la Terre sont nombreuses et fiables. Il faudra donc présenter des éléments extrêmement convaincants, c'est-à-dire factuels, vérifiables, reproductibles et résistant à toutes les tentatives de réfutation, pour invalider le modèle existant, et que je remette en cause cette croyance.

Cela dit, le réel étant ce qu'il est, il est fort probable qu'on ne trouve jamais de preuve de sa non-rotondité… puisqu'elle est ronde. Et pourtant, les platistes (adeptes de la croyance en la Terre plate) se comptent par millions. On ne voit pas le monde tel qu'il est, on le voit tel que nous sommes. L'être humain est ainsi fait qu'il peut croire à l'incroyable, car dans son mode de fonctionnement, ce n'est pas la vérité qui compte, ce n'est pas le réel qui prédomine, c'est la cohérence de ses constructions internes et la solidité de ses représentations subjectives en termes de sécurité identitaire.

En effet, l'attachement que nous avons à une croyance ne repose pas uniquement sur les faits et la solidité des arguments qui la soutiennent, les dimensions affective, émotionnelle et sociale sont également très importantes. Si mes croyances me sécurisent, si elles donnent du sens à ma vie, me rassurent sur mon utilité, ma valeur, ma place, alors je vais y être très attaché et je vais les défendre si elles sont attaquées. On peut ainsi, et ce fut mon cas pendant des années, défendre avec beaucoup de conviction des thèses hors-sol non parce que nos arguments sont solides, mais parce que nous nous identifions à nos croyances.

Le réel existe, objectivement. Les phénomènes sont ce qu'ils sont, objectivement. La façon subjective que nous avons de les décrire et de les expliquer dépend du sujet, de l'individu. Les descriptions et explications du réel peuvent varier d'un individu à l'autre, elles ne changeront pas le réel. En revanche, elles changeront la façon dont les individus vont se comporter. Dans certains cas, ils s'enferment dans des bulles cognitives, ils se radicalisent, ce qui provoque des comportements aux effets parfois dramatiques.

L'esprit critique permet de s'appuyer sur des connaissances solidement établies que l'on ne remet pas en cause chaque matin, tout en ayant l'ouverture d'esprit et la flexibilité mentale de les remettre en question.

Un ingrédient indispensable à cette flexibilité, c'est de veiller à s'attacher aux raisons de croire plutôt qu'aux croyances elles-mêmes. Car il nous sera beaucoup plus facile de remettre en question les éléments qui nous amènent à avoir notre opinion que de remettre en question l'opinion elle-même, d'autant plus que nous nous identifions à celle-ci. Faire confiance aux raisons qui nous font croire plutôt qu'en la croyance elle-même est un garde-fou à la radicalisation.

S'attacher aux raisons de croire plutôt qu'aux croyances elles-mêmes constitue un garde-fou à la rigidité mentale et au radicalisme idéologique.

Une aventure individuelle et collective

Si vous souffrez d'une maladie grave qui nécessite une intervention chirurgicale lourde, vous n'allez pas prendre la décision de vous faire opérer à la légère. Vous allez demander l'avis d'un spécialiste, voire de plusieurs, recouper les informations pour pouvoir prendre une décision éclairée par, non pas vos propres connaissances sur un sujet que vous n'avez matériellement pas eu le temps d'étudier, mais par l'avis de ceux qui y ont travaillé pendant des années.

Que ce soit pour l'installation électrique de notre habitation, l'entretien de notre véhicule, la réparation de nos appareils électroménagers ou notre santé, à moins de consacrer nous-même beaucoup d'énergie et de temps pour acquérir les connaissances sur le sujet, il nous faut faire confiance à ceux qui savent. « Il vaut mieux un qui sait que dix qui cherchent », dit le proverbe. C'est tout à fait vrai du point de vue de l'efficacité. Il faut juste ne pas se tromper sur le choix de la personne à qui l'on va accorder sa confiance. C'est là qu'un esprit critique affûté nous est bien utile, qu'il convient de se poser quelques questions de vérification, par exemple les deux dernières de la liste précédemment présentée en encadré, p. 260 :

Est-ce qu'on peut raisonnablement exclure que la source a un conflit d'intérêts par rapport au contenu, ou qu'elle agit avec la volonté de nous tromper ?

S'agit-il d'une source compétente en la matière ?

Cela nous prendra toujours moins de temps de vérifier la fiabilité des sources d'information que de les reconstituer de toutes pièces.

« Il vaut mieux un qui sait que dix qui cherchent. » Encore faut-il choisir avec soin à qui accorder notre confiance grâce à un esprit critique affûté.

Et pour ce qui est de la santé, dans certains cas, c'est une question de vie ou de mort. Ce fut mon cas le jour où, comme vous le savez, je me suis retrouvé à l'hôpital avec une péritonite. Je m'en suis remis aux spécialistes, les médecins urgentistes, radiologues et spécialistes en chirurgie, qui sont intervenus pour me soigner. Un vrai travail d'équipe. Si, persuadé que le créateur tout-puissant nous a créés parfaits avec un pouvoir divin d'autoguérison et qu'Il veillera soit à mon bon rétablissement soit à m'accueillir auprès de Lui dans les cieux, j'avais refusé que l'on m'opère, je ne serais pas là en train de vous écrire. Ce jour-là, pour être honnête, je n'ai pas pris le temps de demander l'avis de plusieurs spécialistes. Vu mon état, j'étais déjà très content d'être dans le meilleur endroit possible pour que des personnes compétentes prennent soin de moi, un hôpital.

La connaissance est une aventure individuelle et collective. Individuelle, car il appartient à chacun de veiller à se construire des cartes qui coïncident avec le réel. Et collective, car nous disposons d'une masse considérable de cartes rigoureusement établies et fiables, les connaissances scientifiques. Nous jouissons d'un héritage précieux, fruit du travail acharné d'hommes et de femmes au fil des siècles, le corpus de connaissances élaboré avec rigueur grâce à la méthode scientifique, à savoir la science. C'est le *nec plus ultra* en termes de modèle descriptif du monde, car c'est la finalité même de la démarche scientifique que de produire des modèles théoriques (des représentations) du réel qui coïncident avec le réel tel qu'il est.

En ces temps perturbés par des crises chroniques (sanitaires, économiques, sociales ou environnementales), il est important de ne pas rajouter de la confusion à l'incertitude. Il convient de faire la part des choses entre ce qui est connu ou pas afin de prendre des mesures adéquates par rapport à une situation donnée. Disposer des meilleures cartes possibles en discriminant le connu, l'hypothétique, l'opinion et le *bullshit* est essentiel pour prendre des décisions optimales. La science est un réservoir précieux de cartes fiables.

Il convient de distinguer la science et la recherche scientifique. La science est le corpus de connaissances établi par la démarche scientifique. On sait ce que l'on sait et comment on le sait. La recherche scientifique s'attache à répondre à des questions que l'on se pose sur des phénomènes que l'on n'est pas encore en mesure de décrire et d'expliquer. Autrement dit, la recherche travaille à la production de cartes fiables pour enrichir la connaissance scientifique.

Il est regrettable de constater une augmentation de la méfiance vis-à-vis de la science. En effet, une étude Ipsos[1] faite durant la crise Covid-19 montre une généralisation de la méfiance à l'égard de la parole scientifique. Les raisons de cette perte de confiance

1. Baromètre Science et Société : les scientifiques de moins en moins épargnés par la défiance des Français https://www.ipsos.com/fr-fr/barometre-science-et-societe-les-scientifiques-de-moins-en-moins-epargnes-par-la-defiance-des

sont multiples et je ne vais pas ici rentrer dans le détail de celles-ci. En revanche, on peut souligner qu'un des antidotes à la confusion grandissante est sans conteste le développement de l'esprit critique individuel. Il appartient à chacun de reprendre la télécommande de ce qui va être projeté dans son cinéma intérieur en sélectionnant et en vérifiant les informations qu'il va utiliser à la production des films.

L'esprit critique est un antidote à la confusion mentale.

Vous êtes arrivé jusque-là, bravo !

Comment avez-vous vécu la lecture de ce livre ?

Qu'est-ce que cela a provoqué en vous ? Dans votre façon de voir les choses ? Dans votre façon de réagir aux événements et d'interagir avec les autres ? Je suis curieux et intéressé par votre retour d'expérience que je vous invite à partager dans le groupe ou le blog dédié à ce livre, ou en m'envoyant un message directement *via* les pages contacts de mes sites web ou profils de réseaux sociaux.

Une rapide synthèse s'impose avant de conclure. Je vous propose de la faire très simplement et facilement. Comment ? En prenant quelques minutes pour reprendre le livre depuis le début en ne lisant que les encadrés qui mettent en exergue les notions clés présentées au fil de l'ouvrage. C'est un exercice que vous pourrez faire de temps en temps pour vous remémorer très rapidement ce que vous avez consacré des heures à découvrir en première lecture.

Dans quel but, me direz-vous ? Pour consolider les connaissances de base qui vous permettent de produire des représentations de qualité, des cartes précises et fiables, des films qui correspondent à la réalité de ce que vous êtes en train de vivre.

Vous avez pu lire dans l'introduction que « *l'ambition de ce livre est d'expliquer de façon claire et accessible ce qui participe à la façon dont nous construisons notre réalité. Le lecteur y trouvera une aide précieuse pour identifier ses propres mécanismes, pour mieux se connaître et se comprendre, et ainsi reprendre autant que faire se peut la télécommande de son existence* ». À ce stade, pour que vous puissiez réellement reprendre la télécommande de votre vie, vous devez vous investir au-delà d'une simple lecture passive. Vous devez vous mettre en mouvement, poser des actions, agir au quotidien. Comment ? Que faire concrètement ?

Rendez-vous sur le blog du livre[1]. Vous y trouverez une multitude d'exercices à la fois très efficaces et très simples à faire : tenir un journal, décrypter les signaux du tableau de bord de sa vie, se poser les bonnes questions au bon moment, mettre en place des routines,

1. https://resisterauxillusions.benoitaymonier.fr

utiliser des outils technologiques (et cesser de se faire utiliser par eux)... Il vous appartient maintenant d'opérer les changements à travers les actions très simples que vous trouverez dans le blog.

Très simple... mais pas toujours facile à faire. C'est la raison pour laquelle ce blog sera aussi un espace d'entraide et de partage. De la même façon qu'il est plus facile de maintenir la discipline de faire du sport en le pratiquant avec des amis, en vous investissant dans la pratique des exercices suggérés avec d'autres personnes, vous augmentez vos chances de tenir vos engagements, et donc d'obtenir des résultats.

Ce blog existe parce que c'est important pour moi que ce livre ne reste pas au stade de l'exercice intellectuel mais que cela se traduise aussi et surtout en comportements, en changements réels dans la vie des lecteurs. Je n'ai pas écrit ce livre seulement pour qu'ils comprennent combien il est important de ne pas prendre des vessies pour des lanternes, je l'ai écrit aussi pour que cela les aide à vivre leur vie différemment, et que cela contribue à mieux vivre ensemble. Alors à bientôt sur le blog !

Conclusion

À vous de jouer

Les meilleures choses ont une fin, et le temps que nous avons passé ensemble de façon asynchrone, moi en écrivant ce livre et vous en le lisant, arrive à sa fin. C'est le moment de conclure.

Pour ma part, l'écriture de ce livre a représenté un travail colossal. Quelle joie d'être arrivé au bout et de l'avoir écrit ! Je suis d'ores et déjà comblé. J'ai rempli un vide intérieur de ce qui, en moi, aspirait si fortement à se manifester à l'extérieur. Je refais l'expérience de cette sensation si particulière que j'ai ressentie en novembre 2016 lorsque j'ai terminé la rédaction de mon premier livre, *Lâcher prise, comment se reconnecter à soi-même*, une sensation de complétude. Peu importe la façon dont cet ouvrage va être accueilli par le public, il existe, ce qui lui confère, en soi, une valeur inestimable à mes yeux car il manifeste de façon visible et tangible une part de moi-même invisible et intangible. Ce que je suis s'est manifesté en ce que j'ai écrit. On peut dire, en quelque sorte, qu'il m'a rempli de ce que je suis. Je me sens comblé de l'intérieur.

Et pourtant, quelque chose me titille déjà. Là aussi, cela ressemble à ce jour de novembre 2016. Le sentiment de complétude s'accompagne paradoxalement d'une sensation de vide. Une aspiration comblée qui laisse la place à une nouvelle aspiration ?

Mais qu'est-ce qui aspire à se manifester ? Le troisième livre !

Alors à très bientôt, et posons les dernières briques de cet ouvrage en le regardant de votre point de vue de lecteur.

Vous avez bien compris que résister aux illusions n'est pas une chose que l'on peut réussir à faire totalement, jusqu'au bout et en toutes circonstances. En effet, notre système interne de production de réalité repose sur des représentations mentales fictives qui nous donnent l'illusion du réel. Il s'agit en fait, pour paraphraser Henri Poincaré, de résister à la commode facilité de douter de tout, ou de tout croire, et donc de ne pas réfléchir. Accéder à la réalité du monde, des autres et de nous-même revient, en fin de compte, à ne pas trop s'illusionner sur ce que sont le monde, les autres et soi-même. Comment ? En veillant, autant que faire se peut, à ce que nos représentations coïncident avec le réel qu'elles représentent. Et dans cet ambitieux projet, les pièges sont nombreux, très nombreux, et, pour certains, inévitables. Le défi n'est donc pas seulement de savoir comment les éviter, il est aussi de faire en sorte d'en réduire les conséquences délétères.

Concrètement, que pouvons-nous faire ?

D'un point de vue individuel, il convient de cultiver l'humilité de ne pas tout savoir, de ne pas toujours avoir raison, d'avoir parfois complètement tort, d'être conscients que nous sommes sujets à des biais qui nous induisent en erreur, de développer une pensée méthodique, un esprit sainement critique, d'apprendre l'art du doute raisonnable et de la confiance donnée à bon escient. Il appartient à chacun de veiller à ce que les cartes produites par son système de production de représentations correspondent le plus précisément et fidèlement possible aux territoires qu'elles décrivent.

D'un point de vue collectif, nous devons veiller à partager, construire, consolider un socle commun de réalités qui s'ancre dans le réel objectif. Pour pouvoir collaborer et interagir sainement, il est essentiel de pouvoir communiquer. Au sens étymologique du terme, cela signifie mettre en commun. Il s'agit effectivement de mettre en commun nos représentations, nos réalités subjectives respectives, les faire communes, c'est-à-dire les faire coïncider les unes avec les autres. C'est en soi un défi de taille auquel s'ajoute celui, encore plus grand, de veiller à ce que nos représentations communes coïncident au plus près avec le monde tel qu'il est.

De la même façon que, pour se comprendre, nous devons parler la même langue, pour collaborer et vivre ensemble, nous devons partager un espace commun et nous accorder sur la réalité de cet espace. Nous pouvons ne pas être d'accord sur la façon d'occuper et de gérer l'espace, nous pouvons en débattre et arriver à un consensus, à la condition d'au moins parler de la même chose.

Les divergences de vues aboutissent à des conflits, parfois violents, voire mortels lorsqu'ils deviennent armés. À la racine des conflits les plus violents, il y a les divergences de vues sur le réel mélangées à des divergences de vues idéologiques. La façon dont nous nous racontons l'histoire du monde et de ses phénomènes est toujours altérée par nos croyances idéologiques, au point parfois de nous rendre aveugles et sourds au réel. À l'image du lyssenkisme, on se raconte l'histoire du monde non pas par rapport au monde tel qu'il est, mais par rapport au monde tel qu'il cadre dans la représentation idéologique que l'on s'en fait. On a vu au chapitre 1 combien peuvent être dramatiques les dérives et les conséquences qui en découlent. Il est essentiel de s'accorder au moins sur une chose, le socle commun de réalités qu'est le réel.

Intensifier sa présence, porter une attention juste aux choses, faire preuve d'humilité, orienter les projecteurs à l'intérieur de soi, rester ouvert d'esprit, développer un esprit sainement critique, sont autant de clés qui nous aident à nous «connecter au réel». J'espère que ce livre va vous aider à les acquérir. À l'instar des outils, une clé ne nous est utile que si l'on s'en sert, bien sûr, mais que l'on s'en sert surtout correctement. Et là, ce n'est pas de mon ressort, cela vous appartient pleinement. Ce que je peux faire, c'est continuer de vous accompagner dans cette noble aventure de développer la conscience et la connaissance de soi et du monde. Rendez-vous sur le blog du livre[1], posez vos questions, partagez vos expériences, poursuivez votre aventure intérieure et contribuez comme vous le pouvez à un monde meilleur à l'extérieur. Mieux vivre ensemble est une aventure individuelle et collective.

À vous de jouer !

1. https://resisterauxillusions.benoitaymonier.fr

Posez vos questions et partagez vos expériences
sur le blog du livre et le groupe Facebook :
resisterauxillusions.benoitaymonier.fr
www.facebook.com/groups/lacherpriseavecbenoit

Retrouvez l'actualité de l'auteur sur :
www.benoitaymonier.com
www.linkedin.com/pub/benoit-aymonier

Abonnez-vous à la chaîne YouTube :
www.youtube.com/c/BenoitAymonier

Remerciements

Si ce livre est la manifestation d'une profonde aspiration personnelle, il n'en a pas moins été une aventure collective. Nombreuses furent les personnes qui, au long des cinq années de travail que cela a représenté, y ont contribué, directement ou indirectement, parfois même sans le savoir. C'est un exercice délicat de faire une liste de personnes à remercier. Dans quel ordre ? Ne surtout oublier personne. Alors, par anticipation, veuillez accepter mes excuses si vous avez l'impression d'avoir été oublié, ma gratitude pour votre contribution n'en est pas moindre dans mon cœur.

Le soutien de ma famille a été particulièrement précieux. Ma compagne, la femme de ma vie qui a supporté aussi bien mes périodes d'enthousiasme que celles de doute, et parfois de désespoir. Ma mère qui, comme pour mon premier livre en 2016, m'a accueilli pendant plus de trois mois en immersion dans sa maison noyée dans la rainforest australienne en 2019. Mon beau-père, un deuxième père, qui s'est prêté au jeu du lecteur critique. Mes sœurs et belles-sœurs, mes frères et beaux-frères, les cousines et cousins de France, de Navarre et d'ailleurs.

Mes amis qui, de façon ostentatoire ou discrète, m'ont soutenu, merci à vous : Alfred, Amina, Amira, Béatrice, Bernadette, Brigitte, Bruno, Catherine, Christian, Christine, Christophe, Dali, Daniel, Dorra, Emmanuel, Emna, Faten, Fatiha, Françoise, Hakima, Hana, Hélène, Inès, Jino, Josiane, Jouda, Julien, Khedija, Kiki, Lamia, Lassaad, Leila, Ludovic, Manu, Marc, Marie-Bénédicte, Mariejo, Mourad, Meriem, Myriam, Nadia, Nathalie, Nefissa, Nour, Ombeline, Pascal, Patricia, Patrick, Rachel, René, Rim, Rodolphe, Salma, Samia, Sandra, Shiraz, Tarek, Véronique, Willfried, Yassine, Yosra, Yotis, Youssef… et les autres.

Quant à ceux qui, sans le savoir, ont contribué à enrichir et affiner ma bibliothèque de cartes, c'est-à-dire ma culture et mes connaissances, grâce à leurs livres, podcast, cours et conférences en ligne, y compris dans les controverses de certains vis-à-vis d'autres, vous avez toute mon admiration et ma gratitude : Albert Moukheiber, Bernard Werber, Boris Cyrulnik, Charles Robin, Christophe Michel, Christophe André, Clément Freze, David Louapre, Étienne Klein, Franck Lopvet, Frédéric Lenoir, Gaël Giraud, Gérald Bronner, Hugo Mercier, Jean-Marc Jancovici, Julia de Funès, Julien

Bobroff, Lionel Naccache, Michel Onfray, Mickaël Launay, Nicolas Gauvrit, Pablo Servigne, Richard Monvoisin, Roland Lehoucq, Samuel Buisseret, Stéphane Edouard, Sylvain Delouvée, Thibaut Giraud, Thierry Janssen, Thomas C. Durand, Victor Ferry, Yuval Noah Harari.

Enfin, clin d'œil à Valérie Rossellini, mon éditrice chez Plon, avec qui j'ai adoré collaborer sur cet ouvrage, et à Emmanuel Roche, qui fut un déclencheur majeur de ma vie d'auteur et qui reste présent dans cette merveilleuse aventure.

Crédits des schémas

Page 50 : © Benoît Aymonier

Page 54 : Métaphore du cylindre, JC Benoist – CC BY – 2.5 (image légendée par l'auteur)

https://fr.wikipedia.org/wiki/Dualit % C3 % A9_onde-corpuscule#/media/Fichier:Dualite.jpg

Code juridique Creative Commons : https://creativecommons.org/licenses/by/2.5/legalcode

Page 55 : Métaphore du cylindre, JC Benoist – CC BY – 2.5 (image légendée par l'auteur)

https://fr.wikipedia.org/wiki/Dualit % C3 % A9_onde-corpuscule#/media/Fichier:Dualite.jpg

Code juridique Creative Commons : https://creativecommons.org/licenses/by/2.5/legalcode

Page 58 : *Ceci n'est pas une pipe*, 1929 (oil on canvas) Magritte © Bridgeman Images ©ADAGP 2022

Page 66 : © Benoît Aymonier

Page 68 : © Benoît Aymonier

Page 72 : © Benoît Aymonier

Page 74 : © Benoît Aymonier

Page 76 : © Benoît Aymonier

Page 78 : © Benoît Aymonier

Page 85 : © Benoît Aymonier

Page 96 : © Benoît Aymonier

Page 103 : Shadow illusion, Edward H. Adelson – CC BY- SA 4.0

https://en.wikipedia.org/wiki/File:Checker_shadow_illusion.svg

Crédits des schémas

Page 108 : Illusion de Ponzo, PolBr - CC BY-SA 4.0

https://commons.wikimedia.org/wiki/File:Ponzo_illusion.svg

Creative Commons – Attribution – Partage dans les mêmes conditions 4.0 International – CC BY-SA 4.0 : https://creativecommons.org/licenses/by-sa/4.0/legalcode.fr

Page 109 : Motif de Kanizsa, Fibonacci – CC BY-SA 3.0

https://fr.wikipedia.org/wiki/Motif_de_Kanizsa#/media/Fichier:Kanizsa_triangle.svg

Code juridique Creative Commons: https://creativecommons.org/licenses/by-sa/3.0/legalcode

Page 116 : © Benoît Aymonier

Page 137 : © Benoît Aymonier

Page 145 : © Benoît Aymonier

Page 146 : © Benoît Aymonier

Page 147 : © Benoît Aymonier

Page 148 : © Benoît Aymonier

Page 150 : © Benoît Aymonier

Page 161 : © Benoît Aymonier

Page 162 : © Benoît Aymonier

Page 163 : © Benoît Aymonier

Page 164 : © Benoît Aymonier

Page 168 : © Benoît Aymonier

Page 169 : © Benoît Aymonier

Page 190 : © Benoît Aymonier

Page 217 : © Benoît Aymonier

Page 219 : © Benoît Aymonier

Page 230 : © Benoît Aymonier

Page 239 : © Benoît Aymonier

Table

MIXTE
Papier issu de
sources responsables
FSC® C003309
FSC
www.fsc.org

L'éditeur de cet ouvrage s'engage
pour la préservation de l'environnement
et utilise du papier issu de forêts gérées
de manière responsable.

Achevé d'imprimer en avril 2022
par Normandie Roto Impression s.a.s.
N° d'impression : 2201908

Imprimé en France